INVERSIÓN EN CRIPTOMONEDAS

Obtén lo Mejor de Bitcoin y de las Criptos Aprendiendo a Invertir a Largo Plazo y a Operar Siguiendo las Estrategias del Smart Money en las Blockchains de DeFi

John Bax

Índice

3

Descargo de Responsabilidad

Toda la información contenida en este libro no constituye en modo alguno un asesoramiento financiero o una invitación a invertir. Este libro tiene únicamente fines educativos. El autor no se hace responsable de ninguna pérdida financiera debida a inversiones en criptomonedas o en cualquier otro activo por parte del lector. Cuando invierte y especula con criptoactivos, su capital está en riesgo. **Investigue por su cuenta.** Haga siempre su propia investigación de forma independiente, y nunca confíe ciegamente en ningún entrenador, ni siquiera en nosotros. Tome siempre sus decisiones de inversión y especulación de forma independiente y consciente.

Acerca del Autor

John Bax es un inversor y operador experimentado con amplia experiencia en mercados financieros tanto tradicionales como emergentes. En 2019, fundó "Crypto Go", una comunidad dinámica dedicada a proporcionar a las personas los conocimientos y las herramientas para navegar por el mundo de las criptomonedas. John considera las criptomonedas como una clase de activos revolucionaria que combina la innovación con oportunidades de inversión únicas. También es autor del bestseller *"Inversor Vago, Inversor Inteligente: Los Secretos para Convertir la Pereza en Riqueza a Través del Mercado de Valores, la Gestión de Carteras y el Day Trading"*. Traducido a cuatro idiomas, este libro ha ayudado a miles de lectores a dominar tanto la inversión a largo plazo como el comercio a corto plazo, todo ello con un enfoque en la eficiencia y la simplicidad. Está disponible en Amazon.

Para obtener más información sobre Crypto Go, visite www.thecryptogo.com. Desde la página de inicio, también puede acceder a nuestra comunidad gratuita de Telegram, donde compartimos noticias sobre criptomonedas, actualizaciones del mercado y novedades clave del sector en un formato claro y sin distracciones.

Crypto Go es conocida por desarrollar sistemas prácticos que ayudan a los inversores y operadores a aplicar estrategias de Smart Money sin tener que dedicar horas cada día a analizar el mercado. Con el tiempo, muchos lectores nos hicieron la misma pregunta: "¿Cómo puedo seguir el Smart Money de forma constante si no tengo tiempo para hacer un seguimiento diario de las carteras, los gráficos y los fundamentos?".

Para responder a esta pregunta, creamos *Crypto Go Wealth Accelerator*: un servicio optimizado diseñado para personas que comprenden el valor del seguimiento del Smart Money, pero que desean una forma más sencilla y eficiente de aplicarlo en los mercados reales.

El Accelerator se centra exclusivamente en señales criptográficas basadas en Smart Money, basadas en el seguimiento de carteras en tiempo real y la verificación de fundamentos. En lugar de analizar manualmente los datos de la cadena y los movimientos de tokens, los miembros reciben una o dos señales criptográficas de alto potencial por semana, con alertas claras de entrada y salida, que se envían directamente a través de Telegram.

El objetivo no es sustituir la comprensión, sino eliminar la barrera del tiempo. Nuestros analistas y herramientas de datos aplican los mismos principios que se explican en este libro, lo que permite a los operadores e inversores mantenerse alineados con los movimientos del dinero inteligente, dedicando solo unos minutos al mes a la ejecución.

Crypto Go Wealth Accelerator está protegido por una garantía de devolución del dinero de 15 días. Si no recibe al menos una señal completa, que incluya tanto la entrada como la salida, en los primeros 15 días, puede solicitar un reembolso completo.

Encontrará más detalles sobre cómo funciona el Acelerador al final de este libro, en el capítulo titulado "Extra: Herramientas + Crypto Go Wealth Accelerator".

Puede acceder a información adicional en cualquier momento escaneando el código QR que aparece a continuación.

2 Bonos Gratuitos para Ti

Bienvenido, querido lector.

Muchas gracias por tu confianza. Espero que este libro cumpla con tus expectativas y que aprendas a invertir y especular de forma rentable con las criptomonedas. Sobre todo, espero que aprendas los conceptos necesarios para invertir y especular con conciencia y de forma independiente en el sector de las criptomonedas.

Antes de adentrarnos en las páginas de este libro, me complace ofrecerte de inmediato 2 bonos de bienvenida:

Bono 1: El ebook gratuito *16 REGLAS PARA PROTEGER SUS CRIPTOMONEDAS*

La mejor estrategia de inversión del mundo y las operaciones especulativas más rentables de la historia valen cero si eres vulnerable a los ciberataques de hackers malintencionados. Cuando se trata de criptomonedas, la seguridad nunca puede ser descuidada, o de lo contrario, podrías perder todo tu capital. En este ebook, he incluido los 16 procedimientos y precauciones de seguridad que debes seguir de forma absoluta y respetar cuando operes con criptomonedas.

Bono 2: El ebook gratuito *12 ERRORES QUE HAY QUE EVITAR AL INVERTIR EN CRIPTOMONEDAS*

Muchos educadores o (supuestos) gurús de la industria de las criptomonedas suelen centrar su comunicación en "cómo ganar dinero" con las criptomonedas. Sin embargo, antes de aprender cómo invertir o especular inteligente y eficazmente con criptomonedas, debes conocer todas las acciones que, de tomarlas, te llevarían inevitablemente a poner tu capital en grave riesgo.

Antes de aprender a ganar dinero con las criptomonedas, ya sea con inversiones a largo plazo o con especulaciones a corto plazo, tienes que saber qué errores debes evitar para no perder, incluso rápidamente, tu capital inicial. En este ebook, he encapsulado los 12 grandes errores que debes evitar al invertir en criptomonedas. Verás que muchos de los conceptos que vas a descubrir te dejarán sin palabras.

Descarga los 2 bonos gratuitos desde aquí

Puedes descargar estos 2 bonos gratuitos escaneando el código QR que aparece a continuación.

Introducción

Querido lector,

Mi objetivo al escribir esta guía era ser directo y abordar de manera precisa la razón por la que decidiste comprar este libro. **Por lo mismo, soy consciente de que estás buscando la respuesta a la pregunta: "¿Cómo puedo ganar dinero con criptomonedas?".** Y también soy consciente de que estás buscando una guía paso a paso para invertir y ganar con criptomonedas.

Sin embargo, me he visto obligado a cambiar mi enfoque inicial.

Antes de explicarte cuáles son las estrategias que en Crypto Go consideramos ganadoras para invertir a largo plazo y especular a corto plazo, temas centrales de este libro; es fundamental que tengas una comprensión sólida de los conceptos básicos de la industria de las criptomonedas y de las Finanzas Descentralizadas (DeFi).

Para que adquieras esa comprensión profunda, la Parte I de este libro es teórica, estando compuesta por 4 capítulos que te enseñarán los conceptos básicos del mundo cripto. En estos capítulos, hablaremos de Bitcoin, Ethereum, Altcoins, monederos, blockchain, DeFi y mucho más. Estos capítulos teóricos, aunque exhaustivos, son deliberadamente concisos y directos al grano. Comprender todos los conceptos de esta primera parte del libro es fundamental para poder aprender a ganar dinero con las criptomonedas.

Después de la Parte I, nos centraremos en lo que más te interesa en las partes II y III del libro.

En la Parte II, descubrirás cómo invertir a largo plazo en criptomonedas. Hablaremos de los conceptos que necesitas conocer para construir una cartera de inversiones: qué criptomonedas incluir, cómo gestionarla, cómo reequilibrarla, y mucho más.

Por último, en la Parte III, descubrirás el que creo que es el mejor método para especular a corto plazo con criptomonedas. Un método diferente al que tantos supuestos gurús intentan enseñarte cada día, pero que los conocedores de la industria y los grandes inversores conocen muy bien: en esta parte, descubrirás cómo leer (¡y copiar!) los movimientos del llamado "Smart Money" (dinero inteligente), es decir, movimientos de capitales importantes que ya han sido realizados por grandes inversores u operadores, teniendo un éxito demostrado. Todo este mundo se llama "análisis on-chain". Por último, también obtendrá información sobre *Crypto Go Wealth Accelerator*, nuestro programa exclusivo en el que confían miles de inversores de todo el mundo.

No obstante, no quiero anticipar demasiado en esta introducción.

Para concluír, me gustaría dar brevemente las gracias a todo mi personal; incluyendo analistas financieros, operadores, consultores, expertos en inversiones y expertos en DeFi; los cuales me han ayudado enormemente a escribir este libro. Sin su apoyo, no habría podido expresar de la mejor manera posible los conceptos que vas a aprender en estas páginas.

P.D.: Recuerda no saltarte los primeros 4 capítulos del libro, aunque sean los más teóricos y menos operativos. Si te los saltas, no podrás aprender a invertir o especular con las criptomonedas.

P.D. 2: Cada capítulo termina con un resumen del mismo. De esta manera, cuando necesites repasar un concepto concreto, podrás leerlo rápidamente en el resumen, sin necesidad de volver a leer todo el capítulo.

Feliz lectura.

John Bax

Fundador de Crypto Go

www.thecryptogo.com

PARTE I: Conceptos clave sobre Bitcoin, Ethereum, Altcoins, Blockchain y Finanzas Descentralizadas (DeFi)

Capítulo 1: Bitcoin

¿Qué es Bitcoin?

Tal vez hayas oído hablar muy bien de Bitcoin a un amigo, y seguramente también hayas oído hablar muy mal de él en la televisión. Quizás, incluso ya hayas comprado tus primeros Bitcoins. En general, como habrás podido comprobar, esta criptomoneda se ha popularizado en gran manera en la actualidad.

No obstante, pese a la gran expansión de Bitcoin, la mayoría de las personas tienen una idea equivocada sobre esta criptomoneda, qué es, y para qué sirve. Sin embargo, eso no es culpa suya, querido lector. Bitcoin es probablemente uno de los temas sobre el que más desinformación se ha expandido en el mundo. Cada día, mes o año, un periódico generalista ataca a Bitcoin y a la industria de las criptomonedas en general. Y también, según estos medios generalistas y convencionales, Bitcoin ha muerto al menos unas 1.000 veces en los últimos años.

Pero, ¿qué es Bitcoin? En definición, Bitcoin se puede describir como una moneda electrónica entre iguales. En otras palabras: **Bitcoin es una forma de dinero**. Y, como muchas formas de dinero, Bitcoin no cambia con el tiempo, ni muere; contrariamente a lo que repiten muchos medios de comunicación cada mes.

Cuando oyes hablar del valor de Bitcoin, estás oyendo hablar del valor *en dólares* de Bitcoin. 1 BTC (Bitcoin) siempre sigue valiendo 1 BTC, porque **Bitcoin es una moneda, una forma de dinero cuyo valor no cambia:** lo que cambia es el *contra-*

valor en dólares de Bitcoin, como resultado de la oferta y la demanda de esta criptomoneda. Cuando escuchas que Bitcoin está muerto debido a que su contravalor momentáneo con el dólar está cayendo, estás escuchando a una persona que no sabe absolutamente nada de Bitcoin. Bitcoin nunca cambia, ni muere. Como mucho, su contravalor en dólares puede cambiar, pero 1 BTC comprado hace 5 años sigue valiendo 1 BTC hoy. Y, mientras esto sea cierto, Bitcoin nunca morirá.

Bitcoin se creó con un propósito muy diferente y más noble que la mera especulación financiera. Sus creadores no la desarrollaron para decir: "especulemos con Bitcoin". **Bitcoin se creó para ser una forma de dinero nueva, independiente y descentralizada; y no para ser una herramienta especulativa.**

El dinero no siempre ha sido como lo conocemos hoy en día, controlado por gobiernos que definen todas sus características (cantidad en circulación, inflación, etc.). El oro, por ejemplo, ha sido hace miles de años una forma de dinero que no estaba controlada por los gobiernos. La humanidad eligió el oro como forma de dinero porque poseía excelentes características para ser utilizado con ese fin, tales como:

- **Escasez:** El oro es una mercancía limitada en el planeta, ya que no se puede crear más oro. Por lo tanto, mantiene su valor.

- **Durabilidad:** El oro es difícil de destruir.

Es curioso observar que las formas de dinero actuales no son ni escasas (un gobierno puede imprimir dinero a voluntad), ni duraderas (los billetes pueden destruirse fácilmente).

La humanidad ha cambiado sus formas de dinero con frecuencia a lo largo de su historia, yendo desde el trueque hasta el oro, y pasando de las monedas antiguas hasta las actuales, por nombrar algunas. Siguiendo esta línea evolutiva, **Bitcoin representa la evolución de las formas de dinero en una sociedad que avanza.** Una sociedad que se está preparando para, quizás, llegar a utilizar esta moneda.

Bitcoin representa una enorme evolución en el uso que la humanidad hace del dinero, por lo que es natural que sea visto como una amenaza por los principales actores financieros y gobiernos, ya que éstos perderían su control directo sobre el dinero. Es por esto que gran parte de los principales medios de comunicación y del mundo financiero declaran continuamente muerto al Bitcoin, con la (vana) esperanza de que más gente se mantenga alejada de él para siempre.

Nacimiento y Evolución de Bitcoin

¿Quién inventó Bitcoin?

Si ya has oído hablar de Bitcoin, probablemente también hayas oído hablar de Satoshi Nakamoto. **Satoshi Nakamoto es el seudónimo del inventor (o grupo de inventores) de Bitcoin. Esta persona (o grupo de personas) optó por permanecer en el anonimato, y desapareció sin dejar rastro hace muchos años. Satoshi Nakamoto**

inventó el sistema tecnológico de Bitcoin, lo puso en el mundo libremente, y se retiró de la escena. No hay ninguna empresa, propietario, patente o marca registrada detrás del sistema de Bitcoin. Por ende, **nadie puede reclamar la tecnología Bitcoin**.

Crear el sistema de Bitcoin (es decir, de la criptomoneda y su tecnología subyacente) no fue ni sencillo, ni rápido. La creación del sistema de Bitcoin, hay que subrayarlo, es el resultado de muchos años de trabajo que unió (y sigue uniendo a día de hoy) a los mejores programadores y criptógrafos independientes del mundo. El sistema de Bitcoin es un trozo de código, un sistema informático, cuya estructura base nunca cambiará, y seguirá siendo la misma siempre. Muchos programadores y criptógrafos independientes, a los que llamamos **la comunidad Bitcoin**, actualmente siguen trabajando en el código de Bitcoin (es decir, en el código fuente del sistema de Bitcoin); pero no para cambiar su estructura básica, sino para mejorarlo y hacerlo más eficiente y rápido.

Las 8 Características de Bitcoin

Las 8 características que posee Bitcoin son:

1. **Código fuente abierto y libre:** Un código fuente abierto es un código que cualquier programador puede ver y leer, y que pertenece y está abierto a todo el mundo. No obstante, no todos los softwares existentes son abiertos: muchos son propiedad de empresas privadas, por lo que sus códigos no son públicos. Un ejemplo de software con código cerrado es Windows, cuyo código es propiedad de Microsoft y, por tanto, no puede leerse públicamente. El código de Windows beneficia a la empresa propietaria, Microsoft; transfiriendo a los usuarios una licencia para utilizarlo, pero sin la posibilidad de que puedan verlo (ya que sólo pagan para utilizar el código, no para leerlo). El código de Bitcoin, en cambio, no sólo es abierto, sino que también es libre: todo el mundo puede utilizarlo libremente. Como Bitcoin posee estas características, es lo que se denomina como "Software Libre y de Código Abierto (FOSS)". Y, lo que es más: los usuarios de Bitcoin pueden operar con él gratuitamente.

2. **Escaso:** Bitcoin es un bien escaso: sólo pueden existir un total de 21 millones de Bitcoins en todo el mundo. Los Bitcoins se emiten a través de un sistema de minería; pero, cada 4 años, el ritmo de emisión de Bitcoins se reduce a la mitad (ya hablaremos de esto en las siguientes páginas). Esto sucederá durante los próximos 100 años, hasta que se alcance la cifra de 21 millones de Bitcoins. Una vez que se alcance esta cifra, será imposible emitir Bitcoins nuevos. En añadidura, se estima que unos 3 millones de Bitcoins perdidos por usuarios ya se han perdido para siempre; ya que no es posible su replicación. Bitcoin es, por lo tanto, limitado; al igual que el oro. La escasez de una forma de dinero es, como ya hemos visto, una característica que aumenta su valor; por lo que, desde este punto de vista, el oro y el Bitcoin son mejores formas de dinero que las monedas nacionales, ya que los bancos centrales pueden emitir dinero como y cuando quieran.

3. **Duradero:** Bitcoin es un activo puramente digital, por lo que es un activo duradero, y no puede ser destruido.

4. **Fácil de transportar:** Bitcoin es la forma de dinero más fácil de transportar. Siguiendo con la comparación con el oro, es fácil darse cuenta de que Bitcoin es mucho más fácil de transportar a cualquier parte del mundo que el oro. Prueba a dar la vuelta al mundo con 500 millones de dólares en oro o con 500 millones de dólares en Bitcoins: en el primer caso, tendrías que moverte en camiones blindados y acompañado de escoltas armados; pero, en el segundo, podrías desplazarte a cualquier parte sin nada. Sólo necesitarías recordar la clave privada de tu monedero (veremos qué es un monedero en breve) para poder acceder, estés donde estés, a tus Bitcoins.

5. **Divisible:** Bitcoin es divisible hasta la centésima millonésima unidad. Esa unidad se llama "Satoshi" ("Sats"), en honor al fundador. La divisibilidad es otra característica esencial de la funcionalidad de una moneda. Intenta pensar qué pasaría si Bitcoin no fuera divisible, y las únicas transiciones posibles fueran de al menos 1 BTC: si esto fuera así, el uso del Bitcoin estaría limitado, ya que sólo se podrían realizar transacciones muy caras.

6. **Fungible:** Como ya se ha visto, todos Bitcoins son fungibles, ya que un Bitcoin vale exactamente lo mismo que cualquier otro Bitcoin. Los NFT, por ejemplo, no son activos fungibles; porque un NFT concreto es diferente de otro NFT, y por tanto difieren de valor.

7. **Inmutable:** Como también hemos visto, la estructura básica del código de Bitcoin no cambiará con el tiempo. Una comunidad de programadores y criptógrafos, como se ha mencionado, trabaja continuamente en su código para mejorarlo; por lo que sí son posibles futuras evoluciones y cambios en esta moneda.

8. **Descentralizado y sin censura:** Como hemos visto anteriormente, ninguna empresa o software central controla Bitcoin. Comparado con otros proyectos similares creados en el pasado que pretendían crear una moneda digital y global, Bitcoin tiene la gran ventaja de estar descentralizado; **y la consecuencia más importante de esta completa descentralización es la falta de censura.** Cualquier elemento de centralización (como un banco o una empresa) que gestionase el código de Bitcoin habría hecho inútil su proyecto, porque todo podría ser fácilmente censurado. Un banco puede congelar fácilmente tu cuenta bancaria; pero nadie puede congelar tu monedero Bitcoin, precisamente porque nadie detrás del sistema de Bitcoin puede congelar y censurar tu monedero. Esta es la ventaja de la descentralización total que sólo Bitcoin tiene, incluso dentro de la industria de las criptomonedas.

La descentralización **representa <u>LA</u> razón por la que Bitcoin es de gran valor. Piensa en ello: todos nuestros sistemas y formas de pago están centralizados.** El banco, al igual que Paypal, es una empresa privada. Movemos nuestro dinero a través de empresas privadas, y los gobiernos siempre pueden intervenir en ellas. Los dólares de un banco son lo más fácil de censurar; ya que un gobierno puede congelarlos en minutos. **El dinero que tienes en tu cuenta bancaria (así como tus inversiones en acciones y bonos) no es tuyo, ya que lo estás prestando a empresas privadas con control real sobre él (bancos, brókers financieros), y los gobiernos nacionales pueden congelarlo inmediatamente.** Sin embargo, ni los gobiernos ni las empresas pueden intervenir en Bitcoin, ya que tiene un sistema descentralizado.

El sistema centralizado es el tipo de sistema financiero al que estamos acostumbrados en el mundo moderno. Pero, quizás, nuestra forma ideal de dinero debería estar separada del control gubernamental. Tal vez, tu dinero debería ser tuyo; y no ser permanentemente prestado a una empresa privada.

Quizás, el sistema de Bitcoin no sea el mejor sistema: quizás, sea una alternativa mejor.

Ejemplos de Casos Reales del Uso de Bitcoin: Nigeria y Venezuela

A continuación, veremos dos casos reales que te ayudarán a reflexionar sobre los conceptos que acabas de aprender sobre Bitcoin:

1. Bitcoin frente al gobierno nigeriano

A finales de 2020, los periódicos de todo el mundo hicieron eco de las protestas callejeras de jóvenes nigerianos contra su gobierno, culpable de alcanzar altos niveles de corrupción que bloqueaban cualquier posibilidad de desarrollo en el país. Estas protestas se volvieron violentas debido a la brutal respuesta de la policía nigeriana, que causó decenas de muertos y avivó aún más las protestas.

Las organizaciones que apoyaban las protestas de la juventud nigeriana contra la corrupción del gobierno y la brutalidad policial empezaron a ganar cada vez más fuerza. ¿Qué hizo entonces el gobierno nigeriano? Bloqueó todas las cuentas bancarias de estas asociaciones, dejándolas de la noche a la mañana sin acceso a los fondos necesarios para financiar las protestas.

¿Qué permitió que estas protestas siguieran adelante a pesar de la censura de las cuentas bancarias? Bitcoin. Las organizaciones utilizaron Bitcoin para financiar sus actividades, y recibieron donaciones de Bitcoin de personas de todo el mundo que apoyaban su causa. Como Bitcoin es una moneda descentralizada, el gobierno no pudo detener ni el flujo de financiación ni el uso de esta moneda, lo que permitió que las protestas continuasen.

2. Bitcoin contra la hiperinflación en Venezuela

Entre 2013 y 2020, Venezuela experimentó una inflación récord que tuvo consecuencias económicas y sociales devastadoras para su población. La moneda local se devaluó significativamente, y los ahorros de los venezolanos perdieron su valor. Además, el gobierno venezolano prohibió el uso de monedas extranjeras, lo que significaba que los ciudadanos no podían recibir dinero en una moneda extranjera, incluso si realizaban servicios en línea para clientes en todo el mundo. Esta limitación se aplicó incluso a métodos alternativos de pago como PayPal, una empresa privada susceptible a ser regulada por los gobiernos nacionales.

Algunos venezolanos sobrevivieron ganando dinero en línea y recibiendo pagos en Bitcoin, ya que esta moneda no puede ser congelada por el gobierno. Además, algunas personas lograron escapar del país llevándose consigo sus ahorros en Bitcoins, algo que habría sido imposible si esos ahorros hubieran estado en otras monedas, ya que habrían sido detectadas de inmediato en cuentas bancarias sujetas a la censura gubernamental. Para aquellos que viven en países con graves problemas de inflación como Venezuela, Bitcoin se convierte en una herramienta valiosa para ganar dinero, sobrevivir, y preservar su patrimonio.

Monedero

Un monedero es una herramienta necesaria para guardar Bitcoins u otras criptomonedas. Los monederos pueden ser de diferentes tipos:

- **Monedero de escritorio:** Monedero que se guarda en el ordenador.

- **Monedero móvil:** Monedero que instalas en tu teléfono, tableta u otro dispositivo móvil.

- **Monedero web:** Monedero que existe y se controla a través de una interfaz en línea.

- **Monedero de hardware:** Dispositivo físico, similar a una memoria USB, que guarda tus criptomonedas de forma segura.

Algunos monederos pueden contener no sólo un tipo de criptomoneda, sino también otras criptomonedas. Los monederos de hardware más populares, por ejemplo, pueden contener muchos tipos de criptomonedas.

¿Cómo Recibo Bitcoins u Otras Criptomonedas de Otra Persona en Mi Monedero?

Para recibir Bitcoins u otras criptomonedas en tu monedero, necesitas dar a la otra persona una dirección alfanumérica, la cual corresponde a un tipo de criptomoneda. Por ejemplo, para recibir Bitcoins, se comparte la dirección Bitcoin, no la de otra criptomoneda. **Esta dirección de criptomoneda, conectada a tu monedero, será una larga cadena de números y letras;** y es similar en su función al número ABA o IBAN de las cuentas bancarias; o más bien, a la dirección de correo electrónico de PayPal. Esta dirección también puede asociarse a un código QR, de modo que la otra persona pueda simplemente escanear ese código para enviar criptomonedas a tu monedero.

¿Son Bitcoin y las demás Criptomonedas Anónimas?

Para recibir Bitcoins u otras criptomonedas de otra persona, sólo necesitas la dirección alfanumérica conectada a tu monedero, que NO está relacionada con tu nombre y apellidos. Entonces, ¿son las criptomonedas anónimas? Siendo más exactos, lo correcto es decir que los sistemas de las criptomonedas son seudónimos. Estos sistemas son seudónimos porque, **en el momento en que muevo, por ejemplo, mis Bitcoins desde mi monedero a un intercambio centralizado (CEX) de criptomonedas (donde puedo cambiar Bitcoins por dinero FIAT como el dólar, retirar el dinero FIAT cambiado, o cambiar Bitcoin por otras criptomonedas), es cuando se conocen todos mis datos.**

Todos los intercambios centralizados están obligados por ley a realizar el proceso KYC (*Know Your Customer*), un proceso de verificación de clientes que incluye la verificación de la identidad. Gobiernos de todo el mundo pagan a consultoras para averiguar de quiénes son los Bitcoins y otras criptomonedas que llegan a los intercambios centralizados, y de dónde proceden. Por este motivo, se puede gastar Bitcoin y otras criptomonedas guardando tu privacidad; pero en el momento en que las trasladas a un intercambio centralizado (CEX), el anonimato desaparece.

Los intercambios centralizados, o CEX (Centralized Exchanges), son plataformas que permiten el intercambio de Bitcoin y otras criptomonedas entre sí, conectando la oferta y la demanda. También, los CEX son empresas privadas similares a los bancos: por ello, en el momento en que tus Bitcoins y criptomonedas entran a un intercambio centralizado, estás confiando tus criptomonedas a una empresa que, similarmente a un banco; conoce, por ley, todos tus datos. **Por esta razón, en el momento en que entras a un intercambio centralizado, el anonimato deja de existir.**

No obstante, que un monedero de criptomonedas no esté relacionado con un nombre y apellidos es bueno, ya que considero que la privacidad en el mundo de los pagos es positiva. **¿Por qué, para pagar con tarjeta, debo hacer públicos mi nombre y apellidos?** Usando Bitcoin, u otra criptomoneda, puedo pagar mostrando sólo mi dirección, sin mi nombre y apellidos, los cuales sí son visibles en una tarjeta de crédito. Esto no me parece mal. Además, también existen otro tipo de intercambios cripto que no necesitan el KYC, y permiten mantener en cierta medida el anonimato: los DEX. Profundizaremos en ellos más adelante.

Las Falsas Noticias de que Bitcoin Es la Forma de Dinero Perfecta para los Delincuentes

Como podrás adivinar, las noticias falsas afirman que Bitcoin es un sistema perfecto para los delincuentes se desacreditan. Sin embargo, estas noticias están muy lejos de la realidad. Bitcoin es desfavorable para los criminales por al menos dos razones:

1. **La blockchain de Bitcoin es pública:** Todas las transiciones de Bitcoin en la blockchain (explicaremos este concepto más adelante) se pueden ver, pudiendo ir hacia atrás y verificarlo todo. Todo es público, por lo que todos los movimientos pasados de posibles carteras criminales en la blockchain de Bitcoin también son públicos.

2. **Los intercambios de los delincuentes de sus Bitcoins por dinero FIAT y las retiraciones de este dinero a sus cuentas bancarias deben pasar por intercambios centralizados:** En este paso, como ya sabes, la privacidad desaparece. Una vez identificados estos fondos sospechosos, se puede ir hacia atrás en la blockchain de Bitcoin para verificar todas las transacciones que llevaron a esa persona a depositar, al final, una determinada cantidad de Bitcoins en el intercambio.

En resumen: ¡un auténtico desastre para los delincuentes!

Clave Privada y Clave Pública

Cuando creas un monedero de criptomonedas, se generan dos claves: una clave pública y una clave privada.

La clave pública se utiliza para generar la dirección de tu monedero. Puedes dar esta dirección a cualquiera. Lo único que otra persona puede hacer con tu dirección es ver cuántas criptomonedas hay en ella, o enviarte criptomonedas. Repitiendo esta aclaración: con tu dirección Bitcoin, sólo puedes recibir Bitcoins. Para criptomonedas de distintas blockchains, debes utilizar direcciones diferentes. Sin embargo, como muchos de los mejores monederos del mercado incluyen la posibilidad de guardar criptomonedas que pertenezcan a distintas blockchains, entonces podrás tener diferentes direcciones que podrás utilizar para recibir diferentes criptomonedas en el mismo monedero.

La clave privada es lo que representa la propiedad de tus criptomonedas. Está representada por la llamada "frase semilla", que es un conjunto de palabras aleatorias. La clave privada es el equivalente de una contraseña: la persona que tenga esta clave privada, esta contraseña, es la propietaria de las criptomonedas del monedero, y puede moverlas donde quiera. Si conoces la clave privada de un monedero, puedes acceder a las criptomonedas que contenga este monedero. Por esta razón, la clave privada nunca debe compartirse con nadie. Puedes encontrar más información sobre cómo almacenar la frase semilla y sobre la autocustodia en el ebook gratuito: *16 Rule to Protect Your Crypto.*

La frase semilla debe guardarse con cuidado; por ejemplo, en una caja fuerte bancaria. Sin embargo, **la frase semilla no es necesariamente lo que tienes que introducir cada vez que quieras gastar tus criptomonedas: los mejores monederos te permiten crear una contraseña más corta para tus operaciones diarias, permitiéndote operar más rápidamente.**

Como la frase semilla es lo que te permite acceder a las criptomonedas que contenga tu monedero, **puedes recuperar tus criptomonedas en cualquier monedero y en cualquier parte del mundo, simplemente configurando un monedero con tu frase semilla.** Si tu monedero se destruye, puedes recuperar todo lo que contiene simplemente introduciendo tu frase semilla en cualquier otro monedero de criptomonedas.

Como último concepto, cuando colocas tus criptomonedas en un intercambio centralizado, ya no tienes la clave privada del monedero en el que se colocan las criptomonedas: **es el intercambio centralizado quien tiene ahora la clave privada.** Las criptomonedas ya no son tuyas, sino propiedad del CEX, perfectamente análogo al dinero de tu cuenta bancaria. De ahí viene la famosa frase: "ni tus claves, ni tus monedas". Si vuelves a trasladar los Bitcoins u otras criptomonedas a tu monedero personal, la verdadera propiedad de los mismos vuelve a ti. De lo contrario, tienes un contrato, una relación fiduciaria con el CEX que posee tus criptomonedas.

¿Cuál Es el Mejor Monedero?

¿Cuál es el monedero que te recomiendo utilizar? Si has leído el ebook gratuito *16 Rule to Protect Your Crypto*, ya sabes que **los monederos de hardware son el tipo de monedero que te recomiendo usar,** tanto porque son la opción más segura para guardar cualquier criptoactivo, como porque te permiten operar con seguridad en DeFi (de lo cual hablaremos en un momento).

Entre los numerosos monederos físicos, hay uno que recomiendo especialmente, fabricado por una empresa líder del sector y que destaca por su seguridad y fiabilidad. Para averiguar de cuál estoy hablando, **puedes encontrar más información en la página web del enlace o del código QR que seguirán a continuación.**

Añadiendo una nota: si planeas comprar el monedero de hardware recomendado, haz tu compra usando uno de los enlaces que están dentro de esta página web. Son enlaces afiliados a Crypto Go. Si realizas tu compra a través de estos enlaces, esto no sólo no te supondrá ningún coste adicional, sino que también nos permitirá ganar una pequeña comisión que ayudará a financiar la creación de otros contenidos y libros valiosos.

Aquí están el código QR:

Blockchain (Cadena de Bloques)

Tal vez hayas oído hablar de blockchain, la tecnología que hay detrás de Bitcoin y otras criptomonedas. Como todas las tecnologías, blockchain sólo puede ser entendida por completo por técnicos especializados, como criptógrafos y programadores. No obstante, no es necesario entender exactamente cómo funciona blockchain para saber operar en el sector cripto. Sería como decir que no se pueden utilizar los teléfonos móviles porque no se entiende completamente el mecanismo de las ondas electromagnéticas que permite su uso: aunque no comprendas profundamente todos los tecnicismos por los que funciona la tecnología de un móvil, sabes que la tecnología que permite el uso de los móviles existe, que funciona, y sabes exactamente cómo utilizarla. Con blockchain ocurre lo mismo. Por este motivo, este libro no va a entrar en demasiados detalles sobre los tecnicismos de la tecnología blockchain. Sin embargo, sí debes entender los principios básicos de la blockchain, y por qué es la base de la industria cripto.

Una pregunta que tiene sentido que nos hagamos es: ¿por qué el objetivo principal de la tecnología blockchain es registrar todas las transacciones que se han producido? La respuesta se encuentra en el concepto de "doble gasto". Cuando se ha intentado crear una moneda digital global en el pasado, el gran obstáculo siempre ha sido resolver el problema del doble gasto, es decir, que el propietario de la moneda digital no pueda gastarla más de una vez. Con el dinero en efectivo, esto es fácil: en el momento en que entregas tu dinero, ya no lo tienes, por lo que no puedes volver a gastarlo. Sin embargo, la solución a este problema no es tan sencilla con una moneda digital descentralizada, ya que los expertos cibernéticos podrían alterar fácilmente el gasto real de una moneda puramente digital.

Si pensamos en ello, también nuestra cuenta bancaria no es más que un número en una plataforma, y podría ser fácilmente alterada por un experto. Sin embargo, la empresa que está detrás, el banco, garantiza la validez de las transacciones, y también que haya dinero en una cuenta bancaria. El banco, PayPal y otras empresas privadas del mundo financiero deben seguir normas estrictas de ciberseguridad nacionales e internacionales, y están continuamente vigiladas por instituciones.

Tomando como referencia la gestión de los bancos, el problema del doble gasto para las monedas digitales se supera si una empresa detrás realiza un control estricto y regulado. Con varias criptomonedas, sin embargo, la cuestión se complica, ya que no hay un ente regulador (ya que Bitcoin y otras criptomonedas operan en un sistema descentralizado, ya sea en mayor o menor medida). **Entonces, ¿quién comprueba que las transacciones son válidas? ¿Quién garantiza que nadie pueda defraudar al sistema incumpliendo la regla del doble gasto? La tecnología blockchain ha sido la solución a este problema.**

Blockchain es una tecnología basada en un libro de contabilidad distribuido que está basado y puede ser leído y modificado por los nodos (partes) de la red. En otras palabras: blockchain es una tecnología basada en una red de nodos (partes) que gestionan de forma única y segura un libro de contabilidad público compuesto por diversos datos e información, como transacciones. Esta gestión se hace de forma abierta y distribuida, sin necesidad de un regulador central. Estas características garantizan que **todas las transacciones que hayan sido realizadas quedan registradas y sean públicas, lo que previene el fraude por doble gasto.** Así, blockchain **actúa como un "registro inmutable de todas las transacciones jamás realizadas", y es por ello que es la solución para el control y validación de las transacciones.** Por esta razón, blockchain permitió la expansión de Bitcoin y otras criptomonedas, ya que permite que todas las transacciones sean reguladas.

Otra característica importante de la blockchain es que los datos introducidos son inmutables. Los datos se procesan en bloques, que se suceden uno tras otro, y no se puede volver hacia atrás en la blockchain sin cambiar todos los bloques posteriores. Este mecanismo garantiza la inmutabilidad de las transacciones.

La blockchain de Bitcoin es una estructura de datos descentralizada, perteneciente a la red de Bitcoin, que está distribuida en nodos que registran todas las transacciones que se producen. La blockchain de Bitcoin es, simplificando demasiado, un libro de transacciones, de contabilidad, de todo lo que se ha gastado alguna vez en la red de Bitcoin, y garantiza que las Bitcoins no se gasten más de una vez. También, en el caso de Bitcoin, su blockchain tiene el mismo nombre que la moneda: Bitcoin.

La blockchain de Bitcoin, como se ha mencionado brevemente, no es la única. Existen muchas otras blockchains en la industria de las criptomonedas, como Ethereum (que veremos en mayor detalle más adelante). También, dichas blockchains están basadas en la red de la criptomoneda correspondiente.

En las blockchains de la industria cripto, **siempre hay un equilibrio entre 4 elementos:**

1. **Comisiones bajas al realizar transacciones**
2. **Rapidez de las transacciones**
3. **Descentralización**
4. **Seguridad**

Minería y Prueba de Trabajo (PoW)

La minería es el proceso de creación de nuevas criptomonedas. Este proceso tiene lugar a través de un software que, diciéndolo de forma simplificada, resuelve problemas matemáticos relacionados con la blockchain de la criptomoneda en cuestión, y contribuye a la seguridad de la red. La minería consume mucha electricidad y desgasta muy rápidamente el procesador del ordenador, por lo que hoy en día es prácticamente imposible minar desde un ordenador de casa: para realizarla, se necesitan ordenadores específicos. Por ello, los mineros se agrupan en grupos llamados "pools", con el objetivo de optimizar la potencia de cálculo. Para ello, **los mineros juntan muchos ordenadores en grandes naves industriales.**

Como ya hemos visto, las transacciones en las blockchains de Bitcoin, y en las de otras criptomonedas, se introducen en bloques. Cada cierto tiempo, un bloque (que incluye muchas transacciones) se valida y se introduce en la blockchain mediante la resolución de problemas matemáticos por parte de los mineros. **La resolución de estos problemas matemáticos, denominada "prueba de trabajo" (o** *proof-of-work* **(PoW)), es el sistema por el que se verifican las transacciones de la blockchain de una criptomoneda.** Por tanto, la prueba de trabajo es esencial para que el sistema funcione, y también para garantizar la seguridad.

A cambio de este importante, pero laborioso trabajo, los mineros reciben incentivos. Más concretamente, se conceden las nuevas criptomonedas creadas a los mineros que resuelvan primero los problemas matemáticos. De esta manera, si un "pool" gana un bloque porque resolvió primero un problema matemático en la red, las nuevas criptomonedas creadas se distribuyen en ese "pool" ganador (en el caso de Bitcoin, esto ocurre cada 10 minutos). Sin embargo, la resolución de estos problemas incluye un elemento de causalidad; es decir, que los mineros deben demostrar que han invertido tiempo, esfuerzo y recursos significativos para resolver los problemas matemáticos. Este es el negocio de la minería de las criptomonedas. Al agruparse, los mineros disminuyen el factor de causalidad (ya que es el grupo en conjunto quien demuestra su esfuerzo y recursos, y no una sola persona) ganando las nuevas criptomonedas generadas (que son los ingresos del negocio). De esta manera, logran una rentabilidad constante, pudiendo mitigar los grandes costes del negocio (costes de ordenadores, electricidad, cobertizo, guardias, y más).

Al igual que Bitcoin, hay ciertas criptomonedas que dejarán de producirse. Por esta razón, para evitar que dentro de unos años ya no merezca la pena minar debido al escaso número de criptomonedas recién minadas, **el incentivo para los mineros no son sólo las criptomonedas recién emitidas, sino también una parte de las tasas de transacción que pagan todos los usuarios de una criptomoneda cuando realizan transacciones en la red.** Cuanto más se utilice la red de una criptomoneda, más comisiones se crearán, y más ganarán los mineros. Esto permitirá que la minería siga siendo un negocio rentable; incluso cuando, dentro de muchos años, las recompensas por las nuevas criptomonedas creadas sean muy bajas. En el caso de Bitcoin, aunque el proceso de minería genera una nueva cantidad de Bitcoins cada 10 minutos, **esta cantidad se reduce a la mitad cada 4 años en un proceso llamado** *halving* **(reducción a la mitad de los Bitcoins).** Como ya se ha mencionado, se estima que, dentro de unos 100 años, se minará el último Bitcoin. **Por esta razón, el incentivo por comisiones también es muy beneficioso para los mineros de Bitcoin.**

Intercambios Centralizados (CEX)

Cada moneda tiene un valor de cambio frente a otras monedas. De la misma manera, **Bitcoin y otras criptomonedas tienen un valor de cambio frente a monedas FIAT como el dólar, el euro y la libra; e incluso frente a otras criptomonedas.** El valor de cambio de las monedas comunes es dictado por el encuentro de la oferta y la demanda del mercado; pero a menudo también a menudo por otros factores, como las influencias gubernamentales. **En el caso de Bitcoin y otras criptomonedas, ¿quién**

fija sus valores de cambio? La respuesta es sencilla: solamente el mercado. La oferta y la demanda de los usuarios que operan en los intercambios centralizados crean un valor de cambio de Bitcoin u otra criptomoneda con el dinero FIAT y otras criptomonedas. En el mundo de las criptomonedas, sólo el mercado dicta los tipos de cambio, y no hay influencias gubernamentales; ya que las políticas monetarias de los bancos centrales no tienen ningún efecto sobre las criptomonedas, entre otras razones.

Como ya se ha explicado en la creación de las claves pública y privada, **los intercambios centralizados conectan las solicitudes de compra y venta de una determinada criptomoneda, lo que permite realizar operaciones de intercambio de una criptomoneda con otras criptomonedas o con dinero FIAT. En añadidura, se pueden operar en los intercambios centralizados a través de una herramienta de libro de órdenes (*order book*), la cual muestra el nivel de demanda y oferta y las órdenes de venta y compra de una criptomoneda, todo en tiempo real.** Como también se ha explicado, los intercambios centralizados tienen lugar en las plataformas de estas empresas privadas, y no en la blockchain de la criptomoneda en cuestión.

Los CEX son empresas privadas, y son el análogo de los bancos en las finanzas tradicionales. A través de ellos, estamos saliendo del sistema de las criptomonedas, y entrando en el mundo de las finanzas y el mercado creado en torno a éste y a otros sistemas. Existen multitud de intercambios centralizados para Bitcoin y otras criptomonedas. Como hemos visto, todos los intercambios centralizados están obligados por ley a hacer KYC (*Know Your Customer*), un procedimiento de reconocimiento de clientes. Con KYC, das toda tu información personal a una empresa privada, que no sabes qué uso podrá hacer de ella. Por esta razón, es importante informarse bien antes de inscribirse en un CEX; evitando los CEX más pequeños, exóticos y/o recién creados. Quiero que entiendas que las mayores ventajas del sistema de Bitcoin, como la privacidad en los pagos, sólo se pueden dar si Bitcoin se utiliza para el propósito que fue creado: como una forma libre y descentralizada de dinero. Cuando aterrizas en un intercambio centralizado para operar con fines especulativos y de inversión, ya sea para cambiar Bitcoin por otra criptomoneda, o para cambiarlo por dólares y luego retirar esos dólares; pierdes tu privacidad, y dependes de una empresa privada. No obstante, por supuesto que este es un paso que puede ser necesario para nuestros propósitos de invertir y ganar dinero con criptomonedas, que veremos en los próximos capítulos. Así que, si aún no estás inscrito en ningún CEX, tendrás que registrarte para poner en práctica algunas de las estrategias que comentaremos.

¿Cuál Es el Mejor CEX?

La historia demuestra que no existe ninguna plataforma de negociación de activos financieros 100% segura. Al igual que las bolsas de los grandes bancos tradicionales han llegado a fallar a lo largo de la historia, también los CEX pueden llegar fallar. La diferencia es que los intercambios centralizados están menos regulados que las bolsas de los bancos, por lo que el riesgo es mayor.

¿Estoy diciendo que no hay que apuntarse a ningún CEX? Claramente no. **Sin pasar por los intercambios centralizados, no se puede operar en el sector.** Utilizar CEX es algo necesario. Sin embargo, lo que quiero subrayar es que hay que ser consciente de los riesgos que siempre existen cuando se confía en una tercera empresa, ya sea en las finanzas tradicionales o en las criptofinanzas.

¿Qué CEX utilizar? Entre los muchos CEX que puedes utilizar, te recomiendo uno en particular. Me refiero al CEX cada vez más líder de la industria, que ofrece las mayores garantías en términos de seguridad y fiabilidad. Para saber de qué CEX estoy hablando, y obtener más información, **puedes visitar la siguiente página web. Adicionalmente, si te registras a través de estos enlaces de afiliado, obtendrás un bono de bienvenida.**

Aquí están el código QR:

Bitcoin frente a Otras Criptomonedas

El sistema de Bitcoin es muy diferente de cualquier otro sistema del sector cripto. Prácticamente todas las demás criptomonedas y blockchains nacen y se rigen por la lógica financiera de la inversión y la especulación; pero Bitcoin no. Bitcoin nació con un propósito muy diferente: nació para convertirse en una forma de dinero libre, global y descentralizada.

Hay muchos otros sistemas muy interesantes en la industria cripto, pero debes darte cuenta de la clara diferencia entre el sistema de Bitcoin y todos los demás. **El sistema de Bitcoin es el único en la industria de las criptomonedas que fue creado para cambiar la forma de dinero utilizada en el mundo, y no para la especulación. Además, el sistema de Bitcoin es el único sistema de criptomonedas que está descentralizado al 100%.**

Como has podido comprobar, aunque únicos, muchos de los conceptos que has aprendido en este capítulo sobre Bitcoin también se aplican en otras criptomonedas. Me refiero a los monederos, las claves privada y pública, los intercambios centralizados, la minería, y parte del concepto de blockchain. Cada blockchain tiene algunas especificidades, pero los conceptos clave que aprendiste sobre el libro de órdenes, el doble gasto y la inmutabilidad de las transacciones siguen siendo válidos para todas las demás blockchains existentes.

Resumen del Capítulo 1

- Bitcoin es una moneda electrónica entre iguales. En otras palabras: es una forma de dinero.

- Cuando oyes hablar del valor de Bitcoin, estás oyendo hablar del valor en dólares de Bitcoin. 1 BTC siempre sigue valiendo 1 BTC; porque Bitcoin es una moneda, una forma de dinero, cuyo valor no cambia con el tiempo.

- Bitcoin se creó para ser una nueva forma de dinero, independiente y descentralizada, y no para ser una herramienta especulativa.

- Bitcoin representa la evolución del dinero en una sociedad que avanza.

- Satoshi Nakamoto es el seudónimo del inventor (o inventores) de Bitcoin. Es una persona (o grupo de personas) que permaneció en el anonimato, nunca se identificó y desapareció sin dejar rastro hace muchos años. Satoshi Nakamoto inventó el sistema tecnológico de Bitcoin, lo puso en el mundo libremente y desapareció.

- No hay ninguna empresa, propietario, patente o marca registrada detrás del sistema de Bitcoin. Nadie puede reclamar la tecnología Bitcoin.

- Las 8 características de Bitcoin son:
  1. Código fuente abierto y libre (FOSS)
  2. Escaso
  3. Duradero
  4. Fácil de transportar
  5. Divisible
  6. Fungible
  7. Inmutable
  8. Descentralizado y sin censura

- Un monedero es una herramienta necesaria para guardar Bitcoins u otras criptomonedas. Los monederos pueden ser de diferentes tipos: de escritorio, móviles, web o de hardware.

- Algunos monederos pueden contener no sólo un tipo de criptomoneda, sino también varias criptomonedas.

- Para recibir Bitcoins u otras criptomonedas en tu monedero, necesitas dar a la otra parte la dirección de criptomoneda (que es alfanumérica) conectada a tu monedero. Esta dirección también puede estar asociada a un código QR.

- Pierdes tu privacidad cuando mueves tus criptomonedas de tu monedero a un intercambio centralizado (CEX). Todos los intercambios centralizados deben, por ley, realizar KYC (*Know Your Customer*).

- Bitcoin es completamente inútil para los delincuentes.

- Cuando creas un monedero de criptomonedas, se generan dos claves: una clave pública y una clave privada.

- La clave pública se utiliza para generar la dirección de tu monedero. Puedes dar esta dirección a cualquiera. Lo único que otra persona puede hacer con tu dirección es ver cuántas criptomonedas hay en ella, o enviarte criptomonedas.

- La clave privada representa la propiedad de tus criptomonedas. Esta clave es la llamada "frase semilla", que es que un conjunto de palabras aleatorias. Puedes obtener tus criptomonedas en cualquier monedero, en cualquier parte del mundo, simplemente configurando un monedero con tu frase semilla.

- La frase semilla no es necesariamente lo que tienes que introducir cada vez que quieras gastar tus criptomonedas, ya que los mejores monederos te permiten crear una contraseña más corta para tus operaciones diarias, lo que te permite operar más rápido.

- Blockchain es una tecnología basada en una red de nodos (partes) que gestionan de forma única y segura un libro de contabilidad público, compuesto por diversos datos e información, como transacciones. Esto permite registrar todas las transacciones que se hagan de una criptomoneda.

- La tecnología Blockchain ha sido la solución al problema del doble gasto de las monedas digitales, precisamente porque funciona como registro público e inmutable de todas las transacciones realizadas.

- Los datos introducidos en la blockchain se procesan en bloques, y son inmutables.

- La blockchain de Bitcoin es una estructura de datos descentralizada, perteneciente a la red de Bitcoin, que está distribuida en nodos que permiten un registro de todas las transacciones que se producen.

- Existen varias blockchains en el sector de las criptomonedas. Al evaluar una blockchain, ten en cuenta que suele haber un equilibrio entre 4 factores: comisiones bajas, velocidad de transacción, descentralización y seguridad.

- La minería es el proceso de generación de nuevos Bitcoins u otras criptomonedas. Este proceso tiene lugar a través de un software que resuelve problemas matemáticos relacionados con la blockchain de una criptomoneda, y contribuye a la seguridad de la red.

- Como se necesitan ordenadores específicos, los mineros se agrupan en grupos llamados "pools", y juntan muchos ordenadores en grandes naves industriales para optimizar la potencia de cálculo.

- El proceso de resolución de los problemas matemáticos, denominado prueba de trabajo (o *proof-of-work* (PoW)), es el sistema de verificación de las transacciones en red. En este proceso, los mineros compiten entre sí para resolver un problema matemático específico en la blockchain de una criptomoneda.

- A cambio de este importante trabajo de minería, que requiere mucho tiempo, los mineros reciben incentivos: más concretamente, los mineros ganadores reciben las nuevas criptomonedas minadas y una parte de las comisiones por transacción que pagan los usuarios.

- El proceso de minería de Bitcoin genera una nueva cantidad de Bitcoins cada 10 minutos. Esta cantidad se reduce a la mitad cada 4 años mediante un proceso llamado *halving*.

- Como cualquier otra moneda común, Bitcoin y otras criptomonedas tienen un valor de cambio frente a monedas FIAT como el dólar, el euro y la libra; e incluso frente a otras criptomonedas.

- El mercado (demanda frente a oferta) es quien establece los valores de cambio de Bitcoin y de las demás criptomonedas.

- Los intercambios centralizados conectan las solicitudes de compra y venta de una determinada criptomoneda, permitiendo realizar operaciones de una criptomoneda con otras criptomonedas o con dinero FIAT.

- Los intercambios centralizados pueden realizarse a través de una herramienta de libro de órdenes (*order book*), la cual muestra el nivel de demanda y oferta y las órdenes de venta y compra de una criptomoneda, todo en tiempo real.

- El sistema de Bitcoin es muy diferente de cualquier otro sistema del sector cripto: el sistema de Bitcoin es el único en la industria de las criptomonedas que fue creado para cambiar la forma de dinero utilizada en todo el mundo, no para especular.

- El sistema de Bitcoin es el único de la industria cripto que es 100% descentralizado.

- Como has podido observar, muchos de los conceptos que has aprendido en este capítulo sobre Bitcoin también se aplican a otras criptomonedas; como los monederos, las claves privada y pública, los intercambios centralizados, la minería, y parte del concepto de blockchain.

Capítulo 2: Ethereum

Antes de adentrarnos en este capítulo, me gustaría pedir tu apoyo. Si te gusta el libro, deja una reseña en Amazon escaneando el siguiente código QR con tu smartphone. Para ti, es cuestión de segundos, pero para nosotros tiene un valor incalculable. Gracias de antemano.

Si hay algo que no te gusta, háznoslo saber enviando un correo electrónico a info@thecryptogo.com. Utilizaremos tus comentarios para mejorar el libro.

Para descubrir cómo se pueden aplicar las estrategias descritas en este libro de forma coherente y con una inversión mínima de tiempo, obtenga más información sobre *Crypto Go Wealth Accelerator* escaneando el código QR que aparece a continuación.

En este capítulo, dejamos el mundo de Bitcoin y nos adentramos de manera más profunda en el universo de las Altcoins. Las Altcoins incluyen todas las criptomonedas alternativas a Bitcoin (excepto los NFT, que representan un mundo aparte). El proyecto cripto más importante en el mundo de las Altcoins es, sin duda, Ethereum. Lo analizaremos en este capítulo.

¿Qué es Ethereum?

Ethereum es un sistema cripto que nació después del sistema de Bitcoin. Fue creado por la brillante mente de Vitalik Buterin, junto con otras personas conocidas en la industria cripto. Este grupo de personas pensó que explotar la tecnología blockchain "sólo" para crear una nueva forma de dinero, Bitcoin, no era suficiente: estaban convencidos de que la tecnología blockchain podía utilizarse para mucho más. **Por eso, crearon una nueva blockchain: Ethereum, junto a su moneda, Ether (ETH). Esta moneda es el segundo activo por capitalización bursátil en la industria de las criptomonedas (por detrás de Bitcoin), y el principal activo por uso de los contratos inteligentes** (veremos ambos conceptos más adelante). **El proyecto de Ethereum** (que comprende el desarrollo y la gestión de la red de Ethereum) **está gestionado por la Fundación Ethereum, una comunidad que fomenta el desarrollo del sistema de Ethereum.** Sin embargo, es erróneo afirmar que esta comunidad tiene el control de este proyecto, ya que mantiene un buen grado de descentralización. Incluso Vitalik Buterin, aunque sigue siendo muy influyente en el ecosistema Ethereum, se apartó de la fundación, con el fin de evitar que su figura aportase demasiada centralización al proyecto. **No obstante, la descentralización de Ethereum no es la máxima posible, teniendo sólo Bitcoin la descentralización total.** Recordemos que, en la industria de las criptomonedas, el concepto de descentralización no se evalúa en absolutos (sí o no), sino en una escala graduada. Sólo Bitcoin tiene la máxima descentralización, mientras que puedes encontrar la mínima descentralización en muchas Shitcoins (de las cuales hablaremos en el próximo capítulo). **El proyecto de Ethereum es el proyecto líder de la industria cripto para el uso de los contratos inteligentes, permitiendo mover valor de forma inteligente. La mayoría de los proyectos y tokens de la industria cripto se construyen sobre Ethereum; y, por lo tanto, dependen de los contratos inteligentes de Ethereum.** Veremos qué son los contratos inteligentes en la próxima sección.

Como es lógico, **los conceptos vistos de monedero, claves pública y privada, intercambios centralizados y blockchain se aplican en Ethereum.** De hecho, aunque las tecnologías de Bitcoin y Ethereum son dos tecnologías diferentes, tienen muchos puntos comunes en cuanto a su funcionamiento. La principal diferencia conceptual entre Bitcoin y Ethereum es que Ethereum es mucho más dinámica, y evoluciona más rápido en el tiempo que Bitcoin. Un claro ejemplo de esto es el cambio del mecanismo de consenso de Ethereum en 2022, en donde se pasó de la prueba de trabajo (PoW) a la prueba de participación (o *proof of stake* (PoS)). En vez de la participación de mineros, se seleccionan de forma arbitraria los denominados validadores. Los validadores, además, no compiten por criptomonedas a través de problemas matemáticos complejos, sino que sólo proponen y validan bloques. Con este nuevo sistema, ya no se necesitan ordenadores de alta potencia, lo cual ahorra mucha electricidad.

Contratos Inteligentes

Los contratos inteligentes son piezas de código que, dentro de las reglas y limitaciones de la blockchain, permiten mover valor, particularmente el valor financiero, de forma inteligente. En otras palabras: estos contratos inteligentes pueden considerarse como aplicaciones construidas sobre la blockchain. Muchos proyectos cripto, como ya se ha mencionado, se basan en los contratos inteligentes de Ethereum. En la blockchain de Bitcoin, por ejemplo, puedes enviar una determinada cantidad de Bitcoins a otra persona cuando realizas la transacción. Sin embargo, en Ethereum, con los contratos inteligentes, puedes enviar una determinada cantidad de Ethers a otra persona en un día específico, y sólo si se produce un evento específico. Este es un ejemplo de lo que pueden hacer los contratos inteligentes: programar el movimiento del dinero y del valor. Además, en Ethereum y otras blockchains, **esto sucede sin permisos: los contratos inteligentes implementan las reglas programadas de una determinada forma sin permisos, aprovechando la blockchain de la criptomoneda en cuestión.** Operar en una plataforma sin permisos significa que, para validar tus transacciones, no necesitas la aprobación de una entidad o empresa controladora, como un banco. Esto se da porque la idea básica detrás de Ethereum y de otros proyectos cripto es crear una infraestructura financiera (un conjunto de aplicaciones sin permisos) que te permita invertir, hacer finanzas, intercambiar valor, y obtener crédito; todo ello sin que haya una empresa privada detrás dando permiso. **La idea es construir unas finanzas descentralizadas, sin permisos, donde cualquiera pueda hacer transacciones financieras sin pedir permiso a nadie. Las reglas que pueden programarse para los contratos inteligentes son infinitas en cantidad y complejidad.** La única limitación es la creatividad de los desarrolladores. Un ejemplo en particular es la limitación de los desarrolladores de Solidity, que es el lenguaje de programación en el que se basan los contratos inteligentes de Ethereum. **En las blockchain con contratos inteligentes, hay un conjunto de aplicaciones que usan las reglas de los contratos inteligentes: Las DApps ("Aplicaciones Descentralizadas"). La mayoría de las DApps de estas blockchains son aplicaciones de código abierto, sin permisos y gratuitas. Sin embargo, la gente suele confundir el concepto de "sin permisión" (*permissionless*) con el concepto de "descentralización".** Aunque estas aplicaciones se llamen "Aplicaciones Descentralizadas", no están completamente descentralizadas (como veremos en las siguientes páginas): son "sólo" sin permisos. Desafortunadamente, estos dos conceptos casi siempre se consideran equivalentes en la industria cripto, aunque en realidad son distintos. Recuerda que la descentralización completa sólo existe en Bitcoin.

Tokens y Criptomonedas: Diferencias

Un tipo de token bastante popular es el token ERC20. **El token ERC20 es un criptoactivo creado no en una blockchain propia, sino en la blockchain de Ethereum.** Hoy en día, crear un token ERC20 es fácil. Tan fácil que, en el pasado, sobre todo en 2017, hubo una invasión de tokens ERC20, causando mucha confusión entre los usuarios. Probablemente no tengas muy claro qué es un token, y cuál es la diferencia entre criptomonedas y tokens. No obstante, la diferencia es enorme:

- **Una criptomoneda es un activo digital <u>con su</u> propia blockchain.** Bitcoin y Ether son dos ejemplos de criptomonedas. La criptomoneda también se denomina como **Capa 1 (*Layer 1* (L1)).**

- **Un token es un activo digital <u>construido sobre</u> una blockchain.** Los tokens ERC20, por ejemplo, fueron construidos sobre la blockchain y los contratos inteligentes de Ethereum. El token se denomina como **Capa 2 (*Layer 2* (L2)).**

En el lenguaje común, los términos "criptomoneda", "criptodivisa" o "cripto" se refieren a cualquier tipo de activo digital de la industria cripto, ya sea un token o una criptomoneda. Sin embargo, ahora que empiezas a comprender las diferencias entre los distintos activos cripto, debes utilizar las terminologías correctas. De hecho, el término "criptoactivo" es el término más adecuado para hablar indistintamente de criptomonedas, de tokens, o incluso para hablar de ambos activos a la vez. A partir de ahora, será el término que utilizaremos en cada explicación.

Como habrás podido observar, un token y una criptomoneda no son en absoluto lo mismo. Una criptomoneda o Capa 1, que tiene su propia blockchain, es mucho más difícil de crear y difundir; mientras que un token o Capa 2 aprovecha el potencial ya existente de otra blockchain. Además, **una criptomoneda <u>se utiliza dentro de su propia blockchain</u> y <u>puede utilizar muchos contextos diferentes</u> (como muchas DApps),** mientras que **un token <u>sólo tiene utilidad en un contexto específico</u> (como una DApp en particular). Además, sólo las criptomonedas pueden pagar en lo que se conocen como "tarifas de gas" (*gas fees*).** Para que los contratos inteligentes funcionen en una blockchain, es necesario pagar una tarifa de gas por cada transacción. En el caso de Ether, como es una criptomoneda, debe usarse para pagar las tarifas de gas, y así poder operar en todas las DApps basadas en la blockchain de Ethereum. En otras palabras: **debes pagar con Ethers por cada transacción que realices en las DApps basadas en Ethereum.**

Existen blockchains y protocolos distintos a los de Ethereum, pero el principio de pago de tarifas de gas sigue siendo válido. Cuando utilizas cualquier DApp construida sobre una blockchain, debes pagar la tarifa de gas con la criptomoneda correspondiente vinculada a su blockchain para realizar cualquier transacción. **Un token, por el otro lado, no tiene (ni puede) que pagar ninguna tarifa de gas.** En añadidura, la utilidad y el valor de las criptomonedas, como Ether, son generalmente mayores que los de los tokens, como el token ERC20. ERC20 es una metodología estándar para la creación de tokens ERC20 en la red de Ethereum. Los tokens ERC20 siempre utilizan la dirección de Ethereum, y funcionan gracias a los contratos inteligentes de Ethereum. Sin embargo, estos tokens son criptoactivos diferentes de la criptomoneda de la capa base, es decir, de Ether. Cualquiera puede crear un token ERC20 vinculado a su proyecto si este proyecto se basa en la blockchain y los contratos inteligentes de Ethereum, pero la criptomoneda Ether sólo se puede crear a través de procesos específicos (como la Prueba de Participación (PoS)).

Resumen del Capítulo 2

- El término "Altcoins" se refiere a todos los activos cripto alternativos a Bitcoin.

- El Ether (ETH) es el segundo activo por capitalización de mercado de la industria cripto (por detrás de Bitcoin), y el primero por uso de los contratos inteligentes.

- El proyecto de Ethereum está gestionado por la Fundación Ethereum, una comunidad que fomenta el desarrollo del sistema de Ethereum.

- La descentralización de Ethereum es buena, pero no es la máxima descentralización posible: la descentralización total sólo la tiene Bitcoin.

- La mayoría de los proyectos y tokens de la industria cripto se construyen sobre Ethereum; y, por lo tanto, dependen de los contratos inteligentes de Ethereum.

- Los conceptos de monedero, claves pública y privada, intercambios centralizados y blockchain se aplican en Ethereum.

- Los contratos inteligentes son piezas de código que, dentro de las reglas y restricciones de la blockchain a la que pertenecen, permiten que el valor, particularmente el valor financiero, se mueva de forma inteligente. En Ethereum y otras blockchains como ella, esto sucede sin permisos: los contratos inteligentes aplican las reglas programadas de una forma libre de permisos y de una entidad centralizada que los conceda, aprovechando la blockchain de la criptomoneda en cuestión.

- La idea en estas blockchains es crear una infraestructura financiera, un conjunto de aplicaciones, sin permisos; que permitieran a la gente invertir, hacer finanzas, intercambiar valor y obtener crédito; todo ello sin que una empresa privada detrás que diera permiso.

- Las reglas que pueden programarse para los contratos inteligentes son infinitas en cantidad y complejidad.

- Las DApps (Aplicaciones Descentralizadas) son un tipo de aplicaciones que usan las reglas de los contratos inteligentes. La mayoría son de código abierto, sin permisos y gratuitas.

- El concepto de "sin permiso" (*permissionless*) se confunde a menudo con el concepto de "descentralización". La mayoría de las DApps no son totalmente descentralizadas: son "sólo" sin permisos.

- Una criptomoneda o Capa 1 es un activo digital que tiene su propia cadena blockchain (como Bitcoin y Ether). Un token o Capa 2 es un activo digital construido sobre una blockchain (como los tokens ERC20, que se construyen sobre la blockchain y los contratos inteligentes de Ethereum).

- Una criptomoneda se utiliza dentro de su propia blockchain y puede utilizar muchos contextos diferentes (como muchas DApps). Un token es un activo digital que sólo tiene utilidad en un contexto específico (como una DApp particular).

- Sólo las criptomonedas pueden pagar tarifas de gas. Para que los contratos inteligentes funcionen en una blockchain, es necesario pagar una tarifa de gas por cada transacción que realices en las DApps de una blockchain. Ether, por ejemplo, se utiliza para pagar las tarifas de gas por cada transacción realizada en las DApps basadas en la blockchain de Ethereum.

- Un token no tiene (ni puede) que pagar ninguna tarifa de gas. Además, la utilidad y el valor de las criptomonedas, como Ether, son generalmente mayores que los de los tokens, como el token ERC20.

- En el lenguaje común, los términos "criptomoneda", "criptodivisa" o "cripto" se refieren a cualquier tipo de activo digital de la industria cripto, ya sea un token o una moneda. Sin embargo, el término "criptoactivo" es el término correcto para hablar indistintamente de criptomonedas, de tokens, o incluso para hablar de ambos a la vez.

Capítulo 3: Clasificación de las Altcoins

Ahora ya deberías conocer la diferencia entre las criptomonedas (Capas 1) y los tokens (Capas 2). Has aprendido, por ejemplo, que el proyecto de Bitcoin es completamente diferente del proyecto de Ethereum; y que las criptomonedas Ether que constituyen la blockchain de Ethereum son completamente diferentes de los tokens ERC20 creados sobre esta blockchain. Además, probablemente estás empezando a darte cuenta de cómo hay criptoactivos en el gran caldero de la industria de las criptomonedas que, para un profano, podrían parecer similares; pero que en realidad son muy diferentes.

En este capítulo, se va a mostrar la clasificación de los criptoactivos alternativos a Bitcoin: las Altcoins. El objetivo es hacerte comprender que todos los criptoactivos deben compararse dentro de sus propias categorías. De la misma manera que es un error comparar Bitcoin con Ether, también es un error comparar Ether con una Memecoin. Son criptoactivos completamente diferentes. Además, también veremos un tipo de blockchain que busca competir directamente con Ethereum.

Criptomonedas sin Contratos Inteligentes

Además de Bitcoin, hay otras criptomonedas que se basan en su propia blockchain, pero que no utilizan contratos inteligentes. Al igual que Bitcoin, estas criptomonedas se utilizan, en teoría, sólo como una nueva forma de dinero. Algunos ejemplos de criptomonedas de esta categoría son Ripple, nacida para convertirse en el dinero de los bancos; y Litecoin, nacida para convertirse en el dinero de la industria de las criptomonedas; ya que Bitcoin suele considerarse el oro de la industria. Sin embargo, las perspectivas de difusión y crecimiento de ambas criptomonedas están tan alejadas de las de Bitcoin que no tiene sentido ponerlas en la misma categoría que Bitcoin.

Criptomonedas con Contratos Inteligentes

A diferencia de las criptomonedas anteriores, éstas no sólo tienen su propia blockchain, sino que también tienen sus propios contratos inteligentes. Similarmente a Ethereum, se añadieron contratos inteligentes en la blockchain de estas criptomonedas con el propósito de proporcionar una forma segura, eficiente y transparente de establecer y ejecutar acuerdos. Sin embargo, a diferencia de Ethereum, los contratos inteligentes de algunas de estas blockchains fueron añadidos después de la creación de la criptomoneda y de estas blockchain. Algunos ejemplos de criptomonedas de esta categoría son ADA, cuya blockchain (Cardano) se centra en la seguridad; y Binance Coin, cuya blockchain (Binance Smart Chain) ofrece transacciones bastante rápidas y económicas.

Stablecoins

Una stablecoin es un tipo de criptoactivo muy común en el sector cripto. **Las stablecoins son tokens cuyo valor está vinculado a una moneda FIAT; como el dólar, el euro, u otras.** Este criptoactivo se inventó porque muchos CEX no tienen su sede en Estados Unidos, por lo que utilizar una versión sintética del dólar permite intercambiar dólares en esos CEX sin la intermediación de un banco estadounidense. **Además, las stablecoins pueden utilizarse en contratos inteligentes; por lo que pueden entrar en la programabilidad monetaria de las DApps, que hacen un gran uso de ellas.** Esto es imposible utilizando dólares reales, y es por ello que las stablecoins son populares, pues son activos convenientes. Tanto, que también se están poniendo de moda como medio de pago en el sector cripto.

Las dos stablecoins más famosas vinculadas al dólar son USDT y USDC. Probablemente, ya hayas oído hablar de ellas. Estas dos stablecoins pueden utilizarse en diferentes blockchains, incluida Ethereum.

Las stablecoins se dividen en dos tipos:

- **Centralizadas:** Son stablecoins gestionadas por empresas privadas, que poseen (o dicen poseer) un dólar FIAT (o euro, libra, etc.) por cada dólar sintético creado, en forma de efectivo o de activo financiero. USDT y USDC son stablecoins centralizadas.

- **Algorítmicas:** Son stablecoins que sólo tienen vinculación con el dólar u otra moneda FIAT gracias a complejas reglas algorítmicas conectadas a contratos inteligentes. Actualmente, estas stablecoins son más arriesgadas que las stablecoins centralizadas más conocidas, USDT y USDC.

Memecoins y Shitcoins

Las memecoins son fichas que a menudo empiezan como bromas o experimentos sociales, pero que pueden ganar un valor de mercado significativo debido a la publicidad y al interés de la comunidad. Aunque la mayoría de las memecoins tienen poca o ninguna utilidad inherente, algunas pueden desarrollar casos de uso real dentro de ecosistemas específicos. Sin embargo, la mayoría están impulsadas por la pura especulación y no por el valor fundamental.

El precio de las memecoins viene dictado en gran medida por las tendencias, las comunidades en línea y los esfuerzos de marketing. Esto las convierte en activos muy volátiles, en los que el momento oportuno lo es todo. Algunos inversores consiguen sacar provecho de ellas si compran y venden en el momento preciso, pero esto requiere extrema precaución. Las memecoins pueden servir a veces como apuestas especulativas a corto plazo, pero están lejos de ser inversiones fiables a largo plazo.

El término "shitcoins" se refiere a los tokens que no aportan ninguna innovación o mejora real a la industria de las criptomonedas. Aunque la mayoría de las memecoins pueden considerarse shitcoins, no todas las shitcoins son memecoins. Existen muchos proyectos mal diseñados o incluso fraudulentos que no están basados en memes.

Tokens de intercambio

Los tokens de intercambio son tokens que se crean y vinculan a un intercambio, y tienen un propósito y un valor dentro del ecosistema de intercambio. Por ejemplo, puedes tener derecho a determinados incentivos, como descuentos o reembolsos, si posees una determinada cantidad de cierto token de intercambio en una cuenta que esté en el intercambio correspondiente.

Tokens envueltos

Los tokens envueltos son representantes de criptoactivos en una cadena de blockchain distinta de aquella blockchain a la que su representación pertenece. Esto se hace de forma artificial, ya que una determinada criptomoneda o token sólo puede existir en su propia blockchain de origen. El ejemplo más conocido de token envuelto es WBTC, que se crea en Ethereum para representar a Bitcoin. Así, puedes utilizar un token que replique el precio de Bitcoin en contratos inteligentes de Ethereum. Sin embargo, ten cuidado: utilizar tokens envueltos como WBTC significa que ya no eres propietario de tus Bitcoins, ya que los estás intercambiando por tokens que son emitidos por una entidad o parte a la que confiaste tus Bitcoins. Y eso no es lo mejor para la seguridad.

Siguiendo el ejemplo anterior, un token envuelto no puede transferirse directamente a la blockchain original del criptoactivo que representa (en este caso, a Bitcoin) sin el uso de servicios centralizados. **Hoy en día, sin embargo, existen servicios, como los puentes, que sirven para hacer este tipo de transferencias.** A través de un puente, puedes transferir, por ejemplo, tus WBTC a Bitcoin; bloqueándose en la blockchain de Bitcoin la cantidad de Bitcoins correspondiente, y emitiéndose a cambio los WTBC construidos sobre Ethereum que, mediante contratos inteligentes, se vinculan al precio de Bitcoin. Sin embargo, al igual que en el uso general de los tokens envueltos, también existen riesgos de seguridad, ya que algunos puentes pueden estar centralizados o depender de una entidad.

Ethereum Killers

Los Ethereum Killers son blockchains que tienen contratos inteligentes, pero que se han creado como alternativas a Ethereum. A diferencia de las blockchains de las criptomonedas con contratos inteligentes; estas blockchains, tomando directamente a Ethereum, se crearon pensándose que podían mejorar y/o hacer algo diferente de Ethereum; como transacciones más rápidas, comisiones más bajas, DApps con funcionalidades diferentes, etc. Algunos ejemplos de criptomonedas de "blockchains asesinas de Ethereum" son Solana, Avalanche y Polkadot; entre muchas otras.

Resumen del Capítulo 3

En este capítulo, hemos sentado las bases para que puedas invertir en el sector cripto con conocimiento de causa.

Invertir conscientemente significa, en primer lugar, comprender las distintas categorías de criptoactivos del sector. Sólo tiene sentido comparar unos criptoactivos con otros si pertenecen a la misma categoría. Al igual que no tiene sentido comparar Bitcoin con Ether, tampoco tiene sentido comparar Ether con una Memecoin.

A continuación, aquí está un resumen de todas las categorías posibles para un activo en la industria cripto (junto a Ethereum y las Ethereum Killers). Para poder ver todas las clasificaciones de forma conjunta, también se han añadido conceptos descritos de los capítulos 1 y 2:

1. **Bitcoin:** Primera (y única) criptomoneda nacida no para la mera especulación, sino para convertirse en la nueva forma de dinero global, libre y 100% descentralizada.

2. **Ether**: Moneda líder actual de la capitalización de mercado en la industria de las criptomonedas (por detrás de Bitcoin) y principal criptoactivo de uso de contratos inteligentes.

3. **Ethereum:** Blockchain líder actual, y por mucho, en cuanto al uso de contratos inteligentes y el desarrollo de DApps de DeFi.

4. **Criptomoneda o Capa 1 (*Layer 1* (L1)):** Activo digital que tiene su propia cadena blockchain, que puede utilizar muchos contextos diferentes (como muchas DApps), y que puede pagar las tarifas de gas.

5. **Token o Capa 2 (*Layer 2* (L2)):** Activo digital construido sobre una blockchain que sólo tiene utilidad en un contexto específico (como una DApp particular).

6. **Criptomonedas sin contratos inteligentes:** Criptomonedas que se basan en su propia blockchain, pero que no utilizan contratos inteligentes. Estas criptomonedas se crearon para ser una nueva forma de dinero. Algunos ejemplos de estas criptomonedas son Ripple, nacida para convertirse en el dinero de los bancos; y Litecoin, nacida para convertirse en la plata de la industria de las criptomonedas; ya que Bitcoin suele considerarse el oro de la industria.

7. **Criptomonedas con contratos inteligentes:** Criptomonedas basadas en su propia blockchain, pero que sí utilizan contratos inteligentes. A diferencia de Ethereum, algunas añadieron los contratos inteligentes después de su creación. Algunos ejemplos de estas criptomonedas son ADA, cuya blockchain (Cardano) se centra en la seguridad; y Binance Coin, cuya blockchain (Binance Smart Chain) ofrece transacciones bastante rápidas y económicas.

8. **Stablecoins:** Tokens cuyo valor está vinculado a una moneda FIAT; como el dólar, el euro u otras. Las stablecoins pueden utilizarse en contratos inteligentes y en muchas blockchains diferentes, incluida Ethereum. Las stablecoins pueden ser centralizadas o algorítmicas.

9. **Memecoins y shitcoins.** Las memecoins son fichas que a menudo empiezan como bromas o experimentos sociales, pero que pueden ganar valor de mercado debido a la publicidad y al interés de la comunidad. Aunque la mayoría tienen poca o ninguna utilidad intrínseca, algunas pueden tener uso dentro de ecosistemas específicos. El término "shitcoin" se refiere a proyectos que no aportan ninguna innovación o mejora real a la industria de la criptografía o, peor aún, son estafas.

10. **Tokens de intercambio:** Tokens creados y vinculados a un intercambio, que tienen un propósito y un valor dentro del ecosistema del intercambio correspondiente.

11. **Tokens envueltos:** Tokens representantes de criptoactivos en una cadena de blockchain distinta de aquella blockchain a la que su representación pertenece. A lo hora de usarlos, hay que tener cuidado; pues su uso significa que ya no eres propietario del criptoactivo que representa el token envuelto; ya que lo estás intercambiando por el token. Y esto no es lo mejor para la seguridad. Un puente es un servicio que permite la transferencia inversa del token envuelto; es decir, la transferencia del token envuelto a la blockchain original del criptoactivo que representa. Sin embargo, algunos puentes pueden presentar riesgos de seguridad; ya que algunos pueden estar centralizados o depender de una entidad.

12. **Ethereum Killers:** Blockchains creadas para competir directamente con Ethereum; ya sea en características como transacciones más rápidas, comisiones más bajas, DApps con funcionalidades diferentes, etc.

Capítulo 4: Finanzas Descentralizadas (DeFi)

¿Qué es DeFi?

Las finanzas descentralizadas (DeFi) son el conjunto de servicios y aplicaciones financieros que operan sin permisos y de manera descentralizada, funcionando a través de la tecnología blockchain y los contratos inteligentes. Las DeFi pueden pertenecer a diferentes blockchains; como Ethereum, Cardano, Solana y Polkadot, entre muchas otras.

Las DeFi utilizan contratos inteligentes para permitir a los usuarios realizar una amplia gama de transacciones financieras; como operaciones comerciales, inversiones, tradings de apalancamiento, préstamos, depósitos, obtención de un tipo de interés sobre tus ahorros, etc. **Su objetivo principal es recrear un sistema financiero sin permisos,** eliminando la necesidad de mediadores, como empresas o entidades privadas centralizadas, para autorizar las distintas transacciones. Como ya hemos visto, esto es posible gracias a la tecnología blockchain y a los contratos inteligentes.

Finanzas Centralizadas (CeFi) vs. Finanzas Descentralizadas (DeFi)

En esta sección, verás las diferencias entre las Finanzas Descentralizadas (DeFi) y las Finanzas Centralizadas (CeFi), que es el sistema financiero clásico al que estamos acostumbrados. Las principales diferencias entre estos dos sistemas son:

1. **Sistema cerrado vs. Sistema abierto:** El código de las DApps es casi siempre abierto, por lo que cualquiera con los conocimientos de programación adecuados puede interactuar con las DApps existentes y/o crear otras nuevas DApps partiendo de lo que ya existe, que es público. Por este motivo, DeFi es un sistema abierto. Un sistema abierto es mucho más próspero y dinámico que un sistema cerrado (como el de las finanzas tradicionales), y atrae a las mejores mentes y programadores del mundo.

2. **Muchos intermediarios vs. Ningún intermediario:** En CeFi, para hacer cualquier transacción financiera, están los bancos, las compañías de tarjetas y muchos otros intermediarios. En DeFi, en cambio, no hay intermediarios que creen retrasos y ganen comisiones a costa de los usuarios: los usuarios

interactúan entre sí directamente y de forma automatizada gracias a contratos inteligentes; sólo pagando tarifas de gas.

3. **Finanzas centralizadas y gobernadas por unos pocos vs. Finanzas descentralizadas y gobernadas por los usuarios:** Las CeFi están gobernadas y controladas por los bancos comerciales, los bancos centrales y los gobiernos. Las DeFi, en cambio, están gobernadas únicamente por los usuarios, porque están descentralizadas y carecen de permisos.

4. **Lento y resistente al cambio vs. Rápido e inteligente:** Al ser un sistema cerrado, las CeFi son lentas y resistentes al cambio. DeFi, al ser un sistema abierto, evoluciona continuamente.

5. **Censurable y para unos pocos vs. Incensurable y para todos:** CeFi es fácilmente censurable por intermediarios financieros y gobiernos. DeFi, en cambio, no depende de ninguna corporación centralizada, por lo que no es posible censurar a nadie. De hecho, sólo se necesita un PC/teléfono y un monedero para poder operar en todas las DApps, sin necesidad de pedir permiso a nadie.

Intercambios Descentralizados (DEX)

Los tipos más importantes de DApps son los Intercambios Descentralizados (DEX). Al igual que los CEX, los DEX permiten el intercambio de criptomonedas o tokens con otras criptomonedas o tokens, siempre y cuando formen parte de la misma blockchain.

Sin embargo, ¿qué son realmente los DEX? Como todas las DApps, los DEX son un conjunto de contratos inteligentes. Sin embargo, para un usuario ordinario sin conocimientos de programación, utilizar un conjunto de contratos inteligentes, un conjunto de códigos, es imposible. Un usuario ordinario que utilice DEX y DApps tiene que pasar por una interfaz sencilla (un sitio web) que tiene la función de "pegamento" entre el público general y el conjunto de contratos inteligentes. Por ello, los DEX y las DApps están siempre conectadas a un sitio web y a un dominio. Ambos son un conjunto de contratos inteligentes, pero al mismo tiempo son accesibles al público general a través de un sitio web y un dominio que estén ubicados en un servidor.

A diferencia de los CEX (que, como hemos visto, funcionan de forma centralizada), **los DEX funcionan sin permisos, sin posibilidad de censura, y sin KYC. Sólo tienes que conectar tu monedero al DEX, y podrás operar sin el control de nadie, ya que todo se basa en contratos inteligentes que permiten realizar transacciones financieras sin un control centralizado.**

La idea inicial detrás de los DEX era crear intercambios sin el control de ninguna empresa privada y que fueran abiertos a todo el mundo. Piensa en ello: cualquier persona, en cualquier parte del mundo, y sin ningún tipo de identificación, podría operar en DeFi y en DEX, simplemente con un PC/teléfono y un monedero de criptomonedas. Por ello, el mundo DeFi representa un sistema totalmente abierto, inclusivo y sin permisos, en donde nadie tiene que darte permiso para realizar transacciones financieras. Sin embargo, aunque todos los contratos inteligentes en la blockchain que componen las DApps carecen de permisos y no son censurables, los sitios web y dominios vinculados sí están centralizados y son censurables, ya que están centralizados y controlados por empresas privadas. Así, la descentralización no existe, o sólo existe parcialmente. Por eso, volviendo a la idea del párrafo anterior; **los DEX, al igual que la mayoría de las DApps, más que descentralizados, son "sólo" sin permisos.** Al igual que con las DApps, creo que es más correcto decir que los DEX son "sólo" sin permisos, en lugar de descentralizados. Nunca lo olvides: el único proyecto 100% descentralizado en la industria es Bitcoin.

Algunos de los DEX más famosos son Uniswap, SushiSwap y PancakeSwap; entre muchos otros. También, **algunos DEX se ejecutan en varias blockchains diferentes, y se denominan DEX multicadena.** Esto significa que son DApps desarrolladas en diferentes protocolos; e implica que, aunque utilices el mismo DEX, en cada blockchain podrás encontrar e intercambiar tokens que pertenezcan a otras blockchains.

¿Cómo funcionan los DEX? Los DEX funcionan a través del mecanismo de las "liquidity pools". Las liquidity pools (o piscinas de liquidez) son reservas de dos o más criptoactivos (algunos DEX pueden ser de un único criptoactivo o, como ya se ha mencionado, de múltiples criptoactivos) creadas gracias a los usuarios de DeFi que depositan esos criptoactivos en un DEX para ganar comisiones. Cuando un usuario deposita "liquidez" (criptoactivos disponibles) en una liquidity pool, este usuario se convierte en lo que se denomina "proveedor de liquidez" (*liquidity provider*). Al hacerlo, el par de criptoactivos que el proveedor de liquidez deposite en la liquidity pool deben de ser equivalentes en valor entre sí. Si, por ejemplo, el proveedor deposita Bitcoins y Ethers (en un DEX multicadena); ambos deben coincidir en su contravalor, no en el número de monedas depositadas. Después de participar, el proveedor recibe intereses: cualquiera que realice una operación con una criptomoneda o un token en un DEX, paga una comisión al proveedor de liquidez. Gracias a los proveedores de liquidez, las liquidity pools son utilizadas por contratos inteligentes para realizar operaciones con criptomonedas y tokens, sin necesidad de un libro de órdenes gestionado por una empresa privada, como ocurre en un CEX.

Antes de aceptar la realización de una operación en una liquidity pool, algo de lo que se te informa es del deslizamiento máximo, que representa la diferencia potencial entre el precio que estás dispuesto a pagar con un criptoactivo y el precio real al que finalmente se ejecutará la transacción debido a las fluctuaciones de mercado. También, se te informa del impacto de tu operación en el precio de intercambio, ya que estás desequilibrando temporalmente la liquidity pool. Una operación pequeña nunca desequilibrará una liquidity pool grande; pero una operación grande, realizada por lo que se conoce como "ballena" (inversor con una enorme cantidad de criptoactivos) sí podría llegar a desequilibrar una liquidity pool, dependiendo de su liquidez. Además, las liquidity pools pequeñas son más susceptibles a eso; ya que las órdenes grandes o la acumulación de múltiples operaciones también podrían causar un desequilibrio en ellas. Y, como hemos visto anteriormente, las operaciones pueden influir mucho en los precios de mercado de los criptoactivos (en este caso, en los del DEX).

¿Cómo se pueden reequilibrar los precios de mercado del DEX de todos los criptoactivos? A través de operaciones de arbitraje. En primer lugar, el creador de un determinado token crea una liquidity pool, e inserta la primera cantidad de liquidez. Entonces, mediante complejas fórmulas matemáticas en contratos inteligentes, la proporción de las liquidity pools se mantiene; y mediante arbitrajes, los precios se reequilibran de forma natural. De este modo, los precios se reequilibran inmediatamente. **Para monitorear estas operaciones de arbitraje, muchos usuarios participan en ellas, a menudo a través de bots.**

Para realizar cualquier transacción en un DEX hay que pagar, como ya te imaginarás, una tarifa de gas, usando una moneda específica en función de la blockchain en la que se ejecute el DEX. Estas tarifas pueden ser muchas o pocas, o de mayor o menor precio, dependiendo de varios factores; como la blockchain, la DApp, el tipo de transacción, la congestión de transacciones en un momento específico, y otros factores. Tenlo en cuenta. También, en el momento en que realizas una transacción, se te muestra automáticamente la tarifa media a pagar; pero puedes configurarla para esperar más y pagar menos, o esperar menos y pagar más.

MetaMask y el Uso de Plataformas DeFi

MetaMask es una extensión de navegador que permite que tu navegador interactúe con las DApps y las DeFi de Ethereum y de otras blockchains compatibles con Ethereum. Esta es la herramienta fundamental para interactuar con la mayoría de las DApps de DeFi de estas blockchains. Aunque MetaMask también está disponible en versión móvil, te recomiendo que lo utilices sólo desde un ordenador de escritorio, por comodidad, y porque el móvil suele ser más vulnerable a los ataques de hackers. Puedes descargar e instalar MetaMask de forma gratuita desde la tienda que encontrarás en la web oficial metamask.io – ten cuidado de no hacer clic en dominios fraudulentos. En su página oficial, encontrarás instrucciones sobre cómo instalarlo según el navegador que utilices o según el sistema operativo de tu móvil.

MetaMask también puede utilizarse como monedero; o, mejor dicho, como monedero no custodiado. ¿Qué son los monederos custodiados y los monederos no custodiados? Los monederos custodiados son monederos en los que, al igual que CEX, delegas la propiedad de tus criptomonedas. Algunos CEX, de hecho, proporcionan monederos custodiados a sus usuarios. MetaMask, en cambio, puede asumir la función de monedero no custodiado, porque es el usuario quien posee y custodia la clave privada de su propio monedero, y por lo tanto es él quien tiene la propiedad real de sus criptoactivos.

Escribí que MetaMask "puede" asumir la función de un monedero no custodiado porque, alternativamente, también puede vincularse a un monedero de hardware que ya poseas. Esta es la mejor manera de maximizar la seguridad. El monedero de MetaMask es, de hecho, un monedero online; y por esa razón es mucho menos seguro que un monedero de hardware, que es offline. Si manejas grandes sumas, tener un monedero de hardware es obligatorio. Al conectar tu propio monedero de hardware a MetaMask, podrás aprovechar la operatividad de MetaMask para interactuar con DeFi, y al mismo tiempo tener la máxima seguridad en tu propio monedero.

Cuando instalas MetaMask, se inicia un asistente que te permite crear tus claves pública y privada (si creas un nuevo monedero), o conectar tu monedero de hardware. Si creas un nuevo monedero, se crea una dirección y se conecta a una cuenta de tu nuevo monedero. Además, en el asistente inicial, también se crea tu clave privada como frase semilla (que, como sabes, debes mantener bien protegida).

En la fase inicial de configuración de MetaMask, deberás establecer una contraseña de desbloqueo. Esta contraseña te permitirá operar rápidamente y sin problemas en DeFi, ya que podrás validar las operaciones introduciéndola en la interfaz de MetaMask. Dicha contraseña es exclusivamente de uso local y operativo. La propiedad real de tus tokens y criptomonedas en la blockchain está conectada únicamente a la frase semilla, que debes guardar con mucho cuidado tanto si utilizas un monedero de hardware como si utilizas el monedero de MetaMask.

En MetaMask, también puedes crear más de una cuenta diferente; es decir, más de una dirección diferente, en el mismo monedero. Esto puede ser útil para obtener aún más privacidad. Por ejemplo, si tienes mucho capital, puede que prefieras distribuir tus criptoactivos en varias direcciones para evitar atraer la curiosidad no deseada de personas que estudian el análisis on-chain (ya analizaremos ese concepto).

Como se ha mencionado, **con MetaMask puedes interactuar en diferentes blockchains; y, por lo tanto, en todas las DApps construidas en esas blockchains.** La primera y más importante blockchain de DeFi es Ethereum, pero Metamask puede utilizarse también en las blockchains que sean compatibles con Ethereum, como ya también se ha mencionado. Sólo tienes que seleccionar en la interfaz la blockchain que quieres utilizar cuando entras en una determinada DApp. Si quieres operar en blockchains de más nicho que no están relacionadas con Ethereum, tendrás que averiguar cuál es "la MetaMask de esa blockchain", es decir, la aplicación líder de esa blockchain para conectar el mundo web con el mundo de los contratos inteligentes.

Para ilustrar la función de MetaMask, veamos un ejemplo de su uso. Primero, imagina que abres el DEX de Uniswap accediendo a la página web relacionada con los contratos inteligentes de Uniswap. Una vez allí, seleccionas la blockchain de Ethereum, y conectas tu monedero MetaMask a Uniswap, introduciendo la contraseña que habías establecido al activar el monedero. Dentro del monedero encontrarás tus fondos, que normalmente compras en un intercambio centralizado, y que luego enviaste a tu monedero MetaMask. Ahora, puedes realizar las transacciones financieras que DEX pone a tu disposición. Por ejemplo, gracias al sistema de las liquidity pool, puedes intercambiar criptomonedas ETH por monedas USDT. **Pero, ¡recuerda las tarifas de gas!** Siempre debes tener una reserva en tu monedero para poder pagarlas en forma de la criptomoneda de la blockchain que utilices, o de lo contrario, no podrás realizar ninguna transacción. En esta situación de ejemplo, no podrías convertir todos tus Ethers en USDT: tendrías que conservar una parte de Ethers para pagar las tarifas de gas.

Cuando interactúas por primera vez con una plataforma DeFi, siempre se te solicita, a través de MetaMask, permiso para que tus fondos interactúen con los contratos inteligentes de la plataforma. Para aceptar, debes firmar ese permiso introduciendo tu contraseña de MetaMask en la casilla que aparece automáticamente. Este es un momento delicado, y debes tener cuidado al firmar dicho permiso. Si estás interactuando con una plataforma fraudulenta (Clone, por ejemplo), podría robar tus fondos. O, si estás interactuando con una plataforma fraudulenta y peligrosa (quizás una recién nacida), podrías conseguir el mismo efecto nefasto y que te roben todos tus fondos, o autorizar a los contratos inteligentes de dicha plataforma a hacer cosas con tus criptoactivos que en realidad no quieres que hagan. Para prevenir esto, en primer lugar, ten cuidado con las plataformas DeFi que utilizas, y asegúrate de que son las adecuadas. En segundo lugar, utiliza sólo plataformas DeFi que conozcas, que hayas estudiado, que estén establecidas, o en las que confíes plenamente. Y, por último, comprueba dos veces lo que autorizas a la plataforma hacer con tus fondos. Si ves algún peligro, no aceptes, ni firmes.

Una vez que hayas autorizado a la plataforma DeFi a utilizar tus fondos, podrás realizar en ella cualquier operación financiera que te permita. Cada vez que quieras realizar una transacción en esa plataforma, tendrás que firmar la validación de la transacción específica introduciendo de nuevo tu contraseña de MetaMask.

Este es, a grandes rasgos, el proceso práctico de interacción con los contratos inteligentes en una plataforma DeFi. Como ves, MetaMask es absolutamente esencial, ya que actúa como puente entre el mundo web y el mundo de los contratos inteligentes. En Internet hay un montón de tutoriales gratuitos sobre cómo configurar y utilizar MetaMask. Si hay algo no te queda claro, te recomiendo que los veas.

Trabajo y Riesgos de un Proveedor de Liquidez

Ser proveedor de liquidez se está convirtiendo en un trabajo no sólo en los DEX, sino también en varias plataformas DeFi. De hecho, **los proveedores de liquidez con un gran capital pueden obtener enormes beneficios de las aplicaciones de DeFi.**

Las estrategias y optimizaciones para ganar en DeFi son infinitas y dinámicas a lo largo del tiempo; y podrían ser un tema interesante para explorar en un futuro libro. Por ahora, sin embargo, **tienes que recordar que, en el momento en que te conviertes en un proveedor de liquidez para una DApp de DeFi, te expones a los siguientes tres riesgos:**

1. **Riesgo de blockchain o riesgo de protocolo:** El riesgo es que la blockchain en la que se basa la DApp en la que estés operando pueda ser pirateada, dejar de funcionar o, simplemente, que el proyecto fracase. Algunas blockchains

que existen hoy pueden dejar de existir el día de mañana. Podrían convertirse en proyectos que fracasen.

2. **Riesgo del contrato inteligente de la DApp:** De forma similar al primer punto, la DApp en la que operes como proveedor de liquidez también podría convertirse en un proyecto que fracase o, peor aún, podría ser hackeado. Los contratos inteligentes de la DApp, por ejemplo, podrían ser pirateados o dejar de funcionar.

3. **Riesgo de pérdida impermanente (*impermanent loss*):** La pérdida impermanente se define como el riesgo de pérdida en el que se puede incurrir debido a un cambio en los precios de los criptoactivos que componen la liquidity pool. Esta pérdida se produce al proporcionar liquidez a una liquidity pool de criptoactivos volátiles, cuando la tenencia de los criptoactivos genera una ganancia mayor que los beneficios obtenidos al unirse a la liquidity pool. Esta es la razón por la que los criptoactivos preferidos por los proveedores de liquidez son las stablecoins. Sin embargo, cuanto más volátiles son los criptoactivos de las liquidity pools, mayores son los incentivos para depositar liquidez en dichas liquidity pools.

A pesar de estos riesgos, ser un proveedor de liquidez es una gran manera de ganar dinero con las inversiones en criptomonedas y tokens. Inversiones que, de otro modo, permanecerían inactivas, y que no generarían más ganancias. Es una forma de hacer rendir tus criptoactivos a lo largo del tiempo si no quieres venderlos a corto plazo. Sin embargo, por supuesto, esto te expone a los riesgos antes mencionados.

Préstamos y Emprésitos de DeFi

Cuando hablamos de préstamos y emprésitos de DeFi, nos referimos a estrategias especulativas para ganar dinero con DeFi, poniendo el capital de uno mismo al servicio de los ingresos. Este tema tan cambiante e interesante no es el tema de este libro (aunque lo tengo en mente para un posible futuro libro). No obstante, en esta sección, trataremos de entender qué son los préstamos y emprésitos de DeFi, y cómo funcionan.

En los préstamos de DeFi, hay dos partes implicadas: **los prestamistas (usuarios de DeFi que realizan los préstamos)** y **los prestatarios (usuarios que reciben los emprésitos (préstamos) de los prestamistas).**

Para un prestamista, el mecanismo es el siguiente: **primero, deposita criptoactivos** (USDT, por ejemplo) **en una DApp que a menudo se especializa en este tipo de transacciones (Aave, por ejemplo). Una vez depositados, estos criptoactivos se prestan al prestatario.** A cambio de realizar este proceso, **el prestamista recibe las comisiones que paga el prestatario por los criptoactivos prestados,** al igual que los proveedores de liquidez de las liquidity pools por sus aportes de criptoactivos.

En el caso de un prestatario, además de tener que pagar comisiones al prestamista, también tiene que pagar comisiones de la DApp en la que se realiza la operación, y depositar una garantía con un valor muy superior al del préstamo que solicita. Siguiendo con el primer ejemplo, para poder pedirle a un prestamista el valor de 10 Ethers en forma de USDT, el prestatario debe depositar 20 Ethers como garantía, y pagar las comisiones al prestamista y a la DApp de Aave. Y, en añadidura, **el prestatario debe tener cuidado con el riesgo de liquidación.** Siguiendo con el ejemplo, si el valor del Ether se aproxima a un cierto umbral crítico, de tal forma que los 20 Ethers de garantía podrían valer ahora casi tanto como el total de USDT prestados, se desencadena la liquidación automática de los 20 Ethers para pagar la deuda. Esto nunca es bueno para el prestatario. Sin embargo, si el valor de los Ethers se acerca a la liquidación, el prestatario puede reequilibrar depositando más Ethers.

Como no hay una entidad central que controle todo este mecanismo, esta es la única forma para que el sistema funcione: que el prestatario deposite como garantía mucho más dinero del que pide prestado y que, si el criptoactivo depositado como contravalor baja demasiado, los contratos inteligentes activen la liquidación cuando se alcance un determinado umbral.

Seguramente te preguntarás: ¿por qué un prestatario aceptaría asumir estos riesgos para recibir criptoactivos prestados con un valor muy inferior al que ha depositado como contravalor? Lo hace porque **el préstamo le permite utilizar esos criptoactivos prestados para negociar o realizar otras transacciones en la DeFi, a la vez que conserva los criptoactivos que no desea vender.** Para explicar mejor esto, sigamos con el ejemplo explicado anteriormente. Un prestatario podría depositar Ethers y pedir prestado USDT. Luego, puede utilizar estos USDT como proveedor de liquidez en una liquidity pool de Uniswap, que le da cierto interés. Si ese interés que gana es superior a los costos de pago al prestamista y los costos de uso de la DApp, entonces el prestatario está ganando dinero SIN tocar su inversión en Ethers. Esto se debe a que la inversión en Ethers permanece bloqueada e inmóvil, actuando como garantía para el préstamo. Cuando el prestatario decide terminar el préstamo, devuelve los USDT prestados, recupera sus Ethers, y se queda con todas las ganancias que ha generado en USDT.

Como resumen de este tema: **recuerda que participar en préstamos y empréstitos implica riesgos.** En primer lugar, están los riesgos de blockchain y de los contratos inteligentes de DApp, ya vistos anteriormente. Además, también tenemos el riesgo asociado a la volatilidad de los criptoactivos. De hecho, si el prestatario deposita un activo volátil como contravalor, existe el riesgo de que, en el momento de retirar el criptoactivo, éste valga menos porque su valor ha disminuido en el mercado. Por último, también existe el riesgo de la liquidación automática, que siempre debe evitarse a toda costa.

Hoy en día, los préstamos en DeFi sólo se realizan para estrategias financieras y especulativas, a menudo muy complejas. Tal vez, los préstamos DeFi puedan utilizarse para el consumo en la vida real en el día de mañana, pero actualmente estamos lejos de ese escenario.

En la próxima sección, veremos un concepto estrechamente relacionado con los préstamos y empréstitos de DeFi: la "caza de la APY".

"Caza de la APY"

Para poder entender en qué consiste la "caza de la APY", primero hay que saber qué es la APY, o Rentabilidad Anual Equivalente. **La APY es la ganancia real de una inversión teniendo en cuenta el interés compuesto.** El interés compuesto es la reinversión inmediata de los intereses generados: a través de él, en lugar de ganar interés sobre la cantidad original, lo ganas sobre el dinero que has ganado anteriormente. El interés compuesto se calcula periódicamente, y su importe se añade inmediatamente al saldo. Esta es la diferencia principal con un tipo de interés simple: la Tasa Anual Equivalente (TAE), ya que la TAE no tiene en cuenta la reinversión de los intereses. **Los rendimientos (ganancias) en las DApps de DeFi se expresan a menudo en tasas APY en lugar de tasas TAE, ya que los contratos inteligentes de muchas DApps permiten la reinversión automática e inmediata de los intereses.**

El mundo DeFi es a menudo el mundo de la "caza de la APY", es decir, la caza de la APY más alta para ganar dinero con los propios criptoactivos. Una APY alta significa que las DApps de DeFi ofrecen oportunidades de inversión con altas ganancias para quienes participan en estas DApps. De hecho, todas las DApps tratan de ofrecer una razón más para depositar criptoactivos en ellas, y a menudo esta razón es una APY más alta. Pero cuidado: **cuanto más exótico sea el protocolo, mayor será la APY ofrecida, pero también mayor será el riesgo de perderlo todo.** Recuerda siempre los riesgos: riesgo de blockchain, riesgo de contrato inteligente, riesgo de pérdida impermanente y riesgo de liquidación automática. Hoy en día, las DApps más famosas en DeFi para crear estrategias para poner capital en ingresos son Aave, Compound, Curve, y Yearn Finance. Además de estas DApps, que poseen algo de historia e intentan ofrecer proyectos valiosos, también hay muchas DApps más pequeñas. A la hora de seleccionar una DApp, recuerda que, cuanto más joven y/o desconocido sea un proyecto, menos información encontrarás, y mayor será el riesgo al utilizarlo.

Resumen del Capítulo 4

- Las finanzas descentralizadas (DeFi) son el conjunto de aplicaciones financieras y servicios que operan sin permisos y de manera descentralizada, funcionando a través de la tecnología blockchain y los contratos inteligentes.

- Las Defi utilizan contratos inteligentes para permitir a los usuarios realizar una amplia gama de transacciones financieras.

- El objetivo principal de DeFi es crear un sistema financiero sin permisos.

- Las 5 diferencias entre las Finanzas Descentralizadas (DeFi) y las Finanzas Centralizadas (CeFi) son:

1. Un sistema cerrado frente a un sistema abierto
2. Muchos intermediarios frente a ningún intermediario
3. Finanzas centralizadas y gobernadas por unos pocos frente a finanzas descentralizadas y gobernadas por los usuarios
4. Un sistema lento y resistente al cambio frente a un sistema rápido e inteligente
5. Un sistema censurable y para unos pocos frente a un sistema incensurable y para todos

- Los tipos más importantes de DApps son los Intercambios Descentralizados (DEX).

- Los DEX permiten intercambiar criptomonedas o tokens por otras criptomonedas o tokens, siempre y cuando formen parte de la misma blockchain.

- Algunos DEX funcionan en varias blockchains, permitiendo la presencia e intercambio de criptoactivos de distintas blockchains. Estos DEX se denominan DEX multicadena.

- Los DEX operan sin permisos, sin posibilidad de censura, y sin KYC. Sólo tienes que conectar tu monedero a un DEX, y podrás operar sin el control de nadie; ya que todo se basa en contratos inteligentes que permiten realizar transacciones financieras sin un control centralizado.

- Al igual que todas las DApps, los DEX, más que descentralizados, son "sólo" sin permisos. Los contratos inteligentes en la blockchain que componen las DApps no tienen permisos y no son censurables, pero los sitios web y dominios vinculados sí son centralizados y censurables.

- Los DEX funcionan a través del mecanismo de las liquidity pools.

- Cuando el precio de un criptoactivo cambia, los precios de los DEX se reequilibran a través de operaciones de arbitraje. Muchos usuarios monitorean estas operaciones, a menudo a través de bots.

- Para realizar cualquier transacción en un DEX, deben pagarse tarifas de gas en la criptomoneda conectada a la blockchain en la que se ejecute el DEX.

- MetaMask es una extensión de navegador que permite que tu navegador interactúe con las DApps y las DeFi de Ethereum y de otras blockchains compatibles con Ethereum.

- MetaMask puede utilizarse como monedero no custodiado.

- MetaMask puede vincularse a un monedero de hardware que ya poseas. Esta es la mejor manera de maximizar la seguridad.

- Cuando instalas MetaMask, se inicia un asistente que te permite crear tus claves pública y privada (si creas un nuevo monedero), o conectar tu monedero de hardware. En Internet hay multitud de tutoriales gratuitos sobre cómo configurar y utilizar MetaMask.

- En la fase inicial de configuración de MetaMask, deberás establecer una contraseña de desbloqueo. Esta contraseña te permitirá operar de forma rápida y fluida en DeFi, ya que podrás validar las operaciones introduciéndola en la interfaz de MetaMask.

- Cuando interactúas por primera vez con una plataforma DeFi, siempre se te solicita, a través de MetaMask, permiso para que tus fondos interactúen con los contratos inteligentes de la plataforma. Para aceptar, debes firmar ese permiso introduciendo tu contraseña de MetaMask en la casilla que aparece automáticamente. Este es un momento delicado, por lo que debes tener cuidado al firmar dicho permiso.

- Una vez que hayas autorizado a la plataforma DeFi a utilizar tus fondos, podrás realizar en ella cualquier transacción financiera que te permita. Cada vez que quieras realizar una transacción en esa plataforma, tendrás que firmar igualmente la validación de la transacción concreta introduciendo de nuevo tu contraseña MetaMask.

- Si quieres operar en blockchains de más nicho que no están relacionadas con Ethereum, tendrás que averiguar cuál es "la MetaMask de esa blockchain".

- Los proveedores de liquidez con grandes cantidades de capital pueden ganar más poniéndolo a su disposición en aplicaciones DeFi.

- Los proveedores de liquidez se exponen a 3 riesgos:

  1. Riesgo de blockchain o riesgo de protocolo
  2. Riesgo de contrato inteligente de la DApp
  3. Riesgo de pérdida impermanente (impermanent loss)

- A pesar de estos riesgos, ser un proveedor de liquidez es una gran manera de ganar dinero con las inversiones en criptomonedas y tokens. Inversiones que, de otro modo, permanecerían inactivas, y que no generarían más ganancias.

- Los préstamos y emprésitos en DeFi se refieren a estrategias especulativas para ganar dinero con DeFi, poniendo el capital de uno mismo al servicio de estos riesgos.

- En los préstamos de DeFi, hay dos partes implicadas: los prestamistas y los prestatarios.

- Para un prestamista, el mecanismo es el siguiente: primero, deposita criptoactivos en una DApp que a menudo se especializa en este tipo de transacciones. Una vez depositados, estos criptoactivos se prestan al prestatario. A cambio de realizar este proceso, el prestamista recibe comisiones pagadas por el prestatario.

- En el caso del prestatario, además de pagar comisiones al prestamista, también tiene que pagar las comisiones de la DApp en la que se realiza la operación, y depositar una garantía con un valor muy superior al del préstamo que solicita.

- El prestatario debe tener cuidado con el riesgo de liquidación automática.

- El prestatario acepta este rol porque le permite utilizar esos criptoactivos prestados para negociar o realizar otras transacciones en DeFi, a la vez que conserva los criptoactivos que no quiera vender.

- Realizar operaciones de préstamo y empréstito implica riesgos:

    1. Riesgo de blockchain o riesgo de protocolo
    2. Riesgo de contrato inteligente de DApp
    3. Riesgo de pérdida impermanente
    4. Riesgo de liquidación automática

- En la actualidad, los préstamos en DeFi sólo se realizan para estrategias financieras y especulativas, las cuales suelen ser muy complejas.

- La APY es la ganancia real de una inversión teniendo en cuenta el efecto del interés compuesto. El interés compuesto es la reinversión inmediata de los intereses generados.

- Los rendimientos de las DApps de DeFi suelen expresarse en tasas APY en lugar de en tasas TAE, ya que los contratos inteligentes de muchas DApps permiten la reinversión automática e inmediata de los intereses.

- El mundo DeFi se conoce a menudo como el mundo de la "caza de la APY", es decir, la caza de la APY más alta para ganar dinero con los propios criptoactivos.

- Una APY alta significa que las DApps de DeFi ofrecen oportunidades de inversión con altas ganancias para quienes participan en estas DApps.

- Cuanto más exótico sea el protocolo, mayor será la APY ofrecida, pero también mayor será el riesgo de perderlo todo.

PARTE II: Cómo Invertir en Criptomonedas a Largo Plazo

Capítulo 5: Introducción a los conceptos de Inversión, Especulación, Tolerancia al Riesgo y Cash Runway

Descargo de Responsabilidad

En la Parte II, hablaremos de la Asignación de Activos (AA) para crear una cartera de inversiones equilibrada a largo plazo. Por supuesto, nos centraremos concretamente en lo que concierne a los criptoactivos de esta cartera. Antes de comenzar, sin embargo, quiero recordarte que toda la información esbozada en este capítulo y en este libro no representa un asesoramiento de inversión financiera. Todo lo que encontrarás escrito tiene únicamente fines educativos e informativos.

Además, debes decidir de forma independiente cómo invertir tu capital y gestionar tu AA. Nunca te fíes de nadie en el mundo de las criptomonedas, y más en general, en el mundo de las finanzas. Infórmate, toma tus propias decisiones, e invierte en consecuencia. Puedes invertir de forma independiente o a través de un asesor financiero, pero recuerda que este asesor debe seguir siempre tus aportaciones e ideas de inversión. Al fin y al cabo, estamos hablando de tu dinero.

Esta Parte II intenta ofrecerte toda la información esencial que necesitas para crear una cartera de inversiones equilibrada a largo plazo, en la que los criptoactivos tengan el peso adecuado. Sin embargo, eres tú quien debe elegir su propia estrategia de inversión, decidiendo de forma independiente cómo invertir, y cuánto arriesgar.

Inversión vs. Especulación

Antes de empezar esta segunda parte del libro, al igual que la tercera, lo primero que debes entender son las definiciones de inversión y especulación, al igual que sus diferencias.

La inversión es la compra de un activo financiero para mantenerlo a largo plazo, con la expectativa de que su valor intrínseco aumente con el tiempo. Este activo puede ser una acción, un fondo, un bono, una criptomoneda, etc.

La especulación es la compra y venta de activos financieros, a corto o muy corto plazo, para obtener un beneficio. De hecho, el objetivo de un especulador es obtener un beneficio rápido de un cambio de precio al alza o a la baja.

Ya vistas las definiciones, **he aquí las 6 diferencias principales entre inversión y especulación:**

1. **Horizonte temporal:** El horizonte temporal es el periodo de tiempo en el que se prevé mantener los activos. Una inversión debe tener un horizonte temporal largo o muy largo. Cuando inviertes en un activo, estás dispuesto a mantenerlo en tu cartera de inversiones durante un mínimo de 5 años. Esto significa que la tesis de inversión se basa en la expectativa de que, dentro de muchos años, ese activo tendrá un valor intrínseco superior al actual; y, en consecuencia, su precio será más alto que hoy. En la especulación, en cambio, el horizonte temporal es muy corto: por regla general, puede oscilar entre un mínimo de unos pocos días y un máximo de unos pocos años. Sin embargo, también hay casos extremos, como el *day trading* (trading intradía), en donde se abren y cierran las operaciones especulativas en un solo día.

2. **Momento y precio de entrada y de salida:** El precio de entrada se refiere al precio al que se entra en una posición de inversión o especulación, y el precio de compra se refiere al precio al cual se decide comprar un activo. En la inversión, aunque importante, el precio de entrada no tiene tanta relevancia como en la especulación; y el momento de entrada es muy poco relevante. Cuando uno invierte, compra un activo porque cree que su valor crecerá a largo plazo: por lo tanto, no debería haber mucha diferencia si se compra el activo hoy, dentro de una semana, dentro de un mes o incluso dentro de 3 meses; ya que la tesis de inversión debería ser mantener ese activo en la cartera durante muchos años. En la especulación, por el otro lado, el momento de entrada y el momento de salida, y por tanto el precio de entrada y el precio de salida, lo son todo. Toda especulación se basa en encontrar los precios de entrada y los precios de compra adecuados para obtener un beneficio rápido. Volviendo a la inversión, una estrategia de entrada inteligente en este ámbito es el llamado Dollar-Cost Averaging (DCA). Profundizaremos en esta estrategia más adelante.

3. **Dirección de mercado:** La dirección de mercado es la tendencia general de los precios de los activos financieros en un mercado dado. Las tendencias pueden ser alcistas (*Bull Market*), donde los precios aumentan con el tiempo; o bajistas (*Bear Market*), donde los precios tienden a disminuir. También, pueden ser de rango lateral (*Sideaways Market*). La dirección de mercado de las inversiones siempre es alcista, ya que siempre se realizan con la esperanza de que el activo crezca a largo. La dirección de mercado de la especulación, en cambio, puede ser alcista o bajista. Esto significa que, aprovechando determinados instrumentos financieros, se pueden crear estrategias especulativas para ganar dinero, tanto si un determinado activo sube de precio como si baja de precio.

4. **Riesgo y rentabilidad:** El riesgo es la posibilidad de que una inversión no genere los resultados esperados, mientras que la rentabilidad es la ganancia que se obtiene al realizar una inversión. Una de las reglas básicas de las finanzas es la relación riesgo-rentabilidad: cuanto más riesgo tenga una operación financiera, mayor será su posible rentabilidad, y viceversa. La especulación, como puedes adivinar, suele tener una relación riesgo-rentabilidad más alta que la inversión. Esto significa que puedes ganar mucho a corto plazo, pero también perder mucho más que creando y gestionando una cartera de inversiones equilibrada.

5. **Razones para comprar y vender un activo:** Cuando compras un activo con fines inversionistas, lo haces porque ves en él un valor intrínseco futuro, quizás infravalorado por el mercado. Un par de ejemplos de actividad inversionista son una inversión en Bitcoins mantenida a largo plazo, ya que lo ves como una nueva forma de dinero; o una compra de acciones de una empresa, ya que crees que crecerá en ventas (y por tanto beneficios) en los próximos años. En cambio, cuando compras un activo con fines especulativos, lo haces sólo porque crees que puedes beneficiarte de su rápida variación de precio a corto plazo. Un ejemplo típico de actividad especulativa es el trading, que es una transacción para obtener activos que dan beneficios a corto plazo.

6. **Análisis fundamental vs. Análisis técnico:** El análisis fundamental es un análisis que evalúa la idoneidad de una inversión estimando el denominado "valor razonable" (el valor intrínseco) de un activo, comparándolo con su valor de mercado actual. El análisis técnico, en cambio, es el estudio de las tendencias de los precios a lo largo del tiempo para predecir tendencias futuras, utilizando principalmente métodos gráficos y estadísticos. Las inversiones suelen basarse en el análisis fundamental, mientras que las especulaciones suelen estar impulsadas por el análisis técnico.

Este libro trata de la inversión y la especulación, enfocadas principalmente en el mundo de las criptomonedas. En esta Parte II, se analizará cómo invertir en criptoactivos a largo plazo. En la Parte III, en cambio, hablaremos de la especulación y del trading a corto plazo, aprovechando no el análisis técnico, sino el análisis on-chain. Ya llegaremos a eso. Primero, ciñámonos al tema de la inversión.

Tolerancia al Riesgo

Evaluar la propia tolerancia al riesgo es algo muy importante para poder decidir en qué activos invertir, y en qué cantidad. Pero, ¿cómo evaluar tu tolerancia al riesgo? Para hacerlo, **he aquí 8 parámetros que debes tener en cuenta:**

1. **Presencia de personas que dependan de ti:** Cuantas más personas dependan de ti (como hijos), menor debe ser tu tolerancia al riesgo. Y viceversa.

2. **Edad:** Cuanto mayor seas, menor debe ser tu tolerancia al riesgo. Y viceversa.

3. **Situación de endeudamiento:** Cuantas más deudas tengas (como un préstamo hipotecario), menor debe ser tu tolerancia al riesgo; y viceversa. A menudo, endeudarse con cierta frecuencia no es buena idea, ya que añade gastos periódicos a tus flujos de efectivo mensual.

4. **Ingresos mensuales fijos y variables:** Cuanto mayores y más estables sean tus ingresos fijos y periódicos, mayor debe ser tu tolerancia al riesgo. Además, también debes intentar estimar tus posibles ingresos variables, es decir, aquellos ingresos que no son seguros ni periódicos (como posibles bonificaciones del trabajo, por ejemplo), y tenerlos en cuenta para la evaluación global de tus ingresos mensuales.

5. **Gastos mensuales fijos, variables e imprevistos:** Cuanto más elevados, periódicos y seguros sean tus gastos mensuales fijos (como los pagos de la hipoteca), menor deberá ser tu tolerancia al riesgo. También, debes intentar estimar tus gastos variables e imprevistos. Los gastos variables son gastos no siempre periódicos y no seguros que puedes controlar (como vacaciones, cenas, etc.). Los gastos imprevistos, en cambio, son gastos no periódicos y no seguros por situaciones que no puedes controlar (como el pago por la reparación de un frigorífico que se ha estropeado).

6. **Ahorro mensual:** El ahorro mensual es la reserva de una porción de los ingresos mensuales. Cuanto mayor sea tu ahorro mensual medio, mayor puede ser tu tolerancia al riesgo.

7. **Posible herencia:** Si nunca has hablado de tu posible herencia con tus padres, deberías hablar con ellos de este tema en el momento en que empieces a invertir. Esto se debe a que, cuanto mayor sea tu eventual herencia, mayor puede ser tu tolerancia al riesgo.

8. **Inclinación propia al riesgo:** La tolerancia al riesgo no es algo objetivo, sino una elección personal. Esta elección puede estar orientada por los 7 puntos anteriores, que te ayudarán a hacer una evaluación general de su situación financiera. Sin embargo, eres tú quien debe decidir su propia tolerancia específica al riesgo, la cual se reflejará en tu tesorería y en la relación riesgo-rentabilidad de tu cartera de inversiones.

Cash Runway

Antes de hablar de cómo calibrar una cartera de inversiones que incluya criptoactivos adecuadamente, es esencial que entiendas bien el concepto de cash runway. Como podrás suponer, no tiene sentido invertir todo lo que se posee. Al contrario: **es muy importante tener tu cash runway, es decir, una reserva de dinero con la cantidad necesaria para poder protegerte de cualquier imprevisto que pueda surgir.** Si ocurre un imprevisto, es muy importante no verse obligado a desinvertir tu dinero de antemano. Por lo tanto, mantener un cash runway para cualquier eventualidad es esencial. **El cash runway que tengas debería de cubrir desde un mínimo de 6 meses de ahorro en tu estilo de vida hasta un máximo de 24 meses.** Por estilo de vida me refiero a los gastos mensuales medios para poder vivir como vives. Puedes calcular fácilmente este parámetro: mira tus cuentas bancarias, suma todos tus gastos de los últimos 12 meses, y divide esa cantidad entre 12. Así, obtendrás el gasto medio mensual correspondiente a tu estilo de vida. **¿Cuánto dinero deberías guardar en tu cash runway? La cantidad depende de tu tolerancia al riesgo.** Cuanto mayor sea tu tolerancia al riesgo, menor puede ser la cantidad de dinero de tu cash runway. Y viceversa. Para entender mejor la aplicación de este concepto, pongamos algunos ejemplos. Supongamos que gastas una media de 2.000 $ al mes para vivir con tu estilo de vida actual. En este caso, dependiendo de tu tolerancia al riesgo, tu cash runway debería tener, como mínimo, 12.000 $ (pues 2.000 $ (gasto medio) *6 (mínimo de meses) = 12.000 $ (cash runway)); y como máximo, 48.000 $ (ya que 2.000 $ (gasto medio) *24 (máximo de meses) = 48.000 $ (cash runway)). Como puedes ver, se trata de un rango bastante amplio. Ahora, intentemos entrar aún más en detalle. Si tienes 20 años, no tienes hijos, vives en una casa de tu propiedad, trabajas, no tienes deudas, tienes un sueldo determinado, sabes que tus padres te dejarán una herencia importante, y no tienes gastos periódicos mensuales concretos; sin duda puedes tolerar un alto grado de riesgo. En este caso, tu cash runway podría acercarse a los 12.000 $. Si, en cambio, tienes 60 años, 2 hijos a tu cargo, pagas una hipoteca, tienes un trabajo precario, y sabes que no tendrás una herencia; entonces deberías tener una menor tolerancia al riesgo. En este caso, tu cash runway debería estar más cerca de los 48.000 $. Antes de pasar al siguiente capítulo, me gustaría decirte una última cosa. Si sólo puedes usar poco dinero de tu cash runway para poder invertir, no te desanimes. Siempre hay que mirar a largo plazo. **Aunque empieces invirtiendo poco, y cada vez sólo inviertas un poco, nunca subestimes el poder del interés compuesto.** El interés compuesto es la acumulación de intereses que se suman a los intereses ya ganados, y **permite que tus ahorros crezcan exponencialmente. Por eso, es muy importante invertir lo antes posible, aunque sea poco.** Poco a poco, tu capital crecerá con el tiempo.

Resumen del Capítulo 5

- Toda la información expuesta en este capítulo y en este libro no representa un asesoramiento financiero en materia de inversión. Tú mismo deberás decidir de forma autónoma cómo invertir tu capital y gestionar tu Asignación de Activos (AA).

- Invertir en un activo financiero significa comprar ese activo para mantenerlo a largo plazo, con la expectativa de que su valor intrínseco aumente con el tiempo.

- Especular consiste en comprar y vender activos financieros, a corto o muy corto plazo, para obtener un beneficio rápido.

- Las 6 diferencias principales entre inversión y especulación son:
    1. Horizonte temporal
    2. Momento y precio de entrada y de salida
    3. Dirección del mercado
    4. Riesgo y rentabilidad
    5. Razones para comprar y vender un activo
    6. Análisis fundamental vs Análisis técnico

- Evaluar tu tolerancia al riesgo es muy importante para poder decidir en qué activos invertir, y en qué cantidad. Para saber qué tipo de tolerancia al riesgo puedes soportar, hay 8 parámetros que debes tener en cuenta:
    1. Presencia de personas que dependan de ti
    2. Edad
    3. Situación de endeudamiento
    4. Ingresos mensuales fijos y variables
    5. Gastos mensuales fijos, variables e imprevistos
    6. Ahorro mensual
    7. Posible herencia
    8. Inclinación propia al riesgo

- Es muy importante disponer de un cash runway, es decir, de una cierta cantidad de dinero ahorrado que te proteja de los imprevistos de la vida.

- El cash runway debería cubrir desde un mínimo de 6 meses de ahorro en efectivo de tu estilo de vida, hasta un máximo de 24 meses.

- El gasto medio mensual se calcula sumando todos tus gastos de los últimos 12 meses y dividiendo esa cantidad entre 12.

- El cash runway depende de tu tolerancia al riesgo: cuanto mayor sea tu tolerancia al riesgo, menor puede ser tu cash runway. Y viceversa.

- Aunque empieces invirtiendo poco, y aunque inviertas poco cada vez, nunca subestimes el poder del interés compuesto. El interés compuesto es la acumulación de intereses que se suman a los intereses ya ganados, y permite que tus ahorros crezcan exponencialmente. Por eso, es muy importante invertir lo antes posible, aunque sea poco.

Capítulo 6: Cartera de Inversiones, Dollar-Cost Averaging (DCA) y Reequilibrio

Antes de continuar, me gustaría pedir tu apoyo. Si te gusta el libro, deja una reseña en Amazon escaneando el siguiente código QR con tu smartphone. Para ti, es cuestión de segundos, pero para nosotros tiene un valor incalculable. Gracias de antemano.

Si hay algo que no te gusta, háznoslo saber enviando un correo electrónico a info@thecryptogo.com. Utilizaremos tus comentarios para mejorar el libro.

Para descubrir cómo se pueden aplicar las estrategias descritas en este libro de forma coherente y con una inversión mínima de tiempo, obtenga más información sobre *Crypto Go Wealth Accelerator* escaneando el código QR que aparece a continuación.

¿Cuánto Invertir en Criptomonedas y Tokens?

En una cartera de inversiones, las criptomonedas, al igual que los tokens, deben de considerarse como activos de alto riesgo, ya que son extremadamente volátiles y arriesgados. Este riesgo es aún mayor para las Altcoins distintas de Bitcoin y Ether. Los ciclos de mercado en la industria de las criptomonedas nos han acostumbrado históricamente a enormes bombeos y ruinosas caídas: basta con pensar que Bitcoin, el activo más importante de la industria cripto, ha experimentado varias veces en su historia caídas superiores al 80%-85%. Sin embargo, si piensas como yo que Bitcoin y Ether tienen un gran valor intrínseco que se manifestará con más fuerza en los próximos años, entonces debes estar dispuesto a aceptar esta volatilidad extrema a corto plazo. Al mismo tiempo, sin embargo, **debes asegurarte de que las secciones cripto de tu cartera de inversiones sean proporcionales.**

¿Cuánto invertir en criptoactivos? A continuación, se van a ofrecer unas directrices generales que sugieren cuánto **deberías invertir en criptoactivos para obtener una cartera equilibrada, basándose en tu grado de tolerancia al riesgo:**

1. **Tolerancia al riesgo baja:** Inversión del 0% al 5% de la cartera en criptomonedas. Inversiones únicamente en BTC y ETH.

2. **Tolerancia al riesgo media:** Inversión del 5% y el 15% de la cartera en criptoactivos. La mayoría en BTC y ETH, más un pequeño porcentaje en otras 2-3 Altcoins.

3. **Tolerancia al riesgo elevada:** Inversión del 15% al 30% de la cartera en criptoactivos. La mayoría en BTC y ETH, más un pequeño porcentaje en otras Altcoins (yo evitaría superar las 5-6 Altcoins).

Principios Generales para Crear una Cartera de Inversiones Equilibrada con una Buena Presencia de Criptomonedas y Tokens

Independientemente de tu grado de tolerancia al riesgo, la cantidad de criptoactivos de una cartera de inversiones equilibrada siempre debería de ser, al menos, de un 80% de BTC y ETH, y de un máximo del 20% de Altcoins distintas de BTC y ETH. Además, el porcentaje de BTC siempre debería ser mucho mayor que el porcentaje de ETH.

Ten en cuenta que las inversiones cripto pueden mantenerse (es decir, guardarse en el monedero), o colocarse en DeFi o CeFi como rentas vitalicias anuales (es decir, como ingresos regulares y periódicos que se pagan anualmente, durante un período especificado, a cambio de una inversión inicial o una prima única). Este libro no discute las estrategias de DeFi para ganar dinero con las inversiones cripto, que mencionamos brevemente en el capítulo sobre DeFi. Sin embargo, sí hay que saber y tener en cuenta que, **si anualizas tus inversiones cripto en DeFi o CeFi, aumentas el riesgo de tu cartera,** porque te expones al riesgo de protocolo, al riesgo de contrato inteligente o, en el caso de CeFi, al riesgo de contraparte (por ejemplo:

un impago de la empresa centralizada en la que anualizaste tus criptoactivos). **Ten esto en cuenta.** Mantener en tu cartera 10.000 \$ en BTC, por ejemplo, es mucho menos arriesgado que poner estos 10.000 \$ en BTC en anualidades en DeFi y/o CeFi, aunque con DeFi y CeFi puedas obtener beneficios extra. Como pauta general, en caso de profundizar en anualidades en DeFi y CeFi, **recomiendo no poner más del 30% de tus inversiones cripto en ellas.**

Otro concepto importante que siempre debes recordar es que tu cartera de inversiones debe contrarrestar las inversiones en compartimentos de riesgo, como activos o acciones individuales, con un "colchón financiero". Este colchón financiero consiste en dinero FIAT o, como mucho, activos de muy bajo riesgo, en un rango de x1 a x2 en relación con los activos de riesgo, dependiendo de tu tolerancia al riesgo. Por ejemplo, si tu cartera de inversiones tiene un 20% en criptoactivos, deberías tener al menos entre un 20% y un 40% de tu cartera en dinero FIAT; o como mucho, en activos muy seguros, como bonos del Estado (cuando se trata de un país estable). En este caso, cuando hablo de "colchón financiero", me refiero a la parte de dinero FIAT que mantienes en tu cartera, no a al dinero del cash runway que vimos antes. El dinero del cash runway está separado, y no se considera parte de tu cartera.

Nota: incluso si solamente tienes el 5% de tu cartera de inversiones en criptoactivos, pero luego tienes el 80% de la misma en acciones individuales, que también son activos volátiles y arriesgados (aunque menos que los criptoactivos), y tienes liquidez cero; esa cartera es de muy alto riesgo. El concepto del colchón financiero es tan simple como eficaz para compensar las inversiones volátiles y arriesgadas (aunque la liquidez, como ya sabes, se ve erosionada por la inflación).

El colchón financiero también puede estar compuesto por una parte de stablecoins. Es recomendable que esta parte no exceda el 30% del dinero total de la cartera de inversiones. También, puedes depositar anualmente una parte de esta asignación en DeFi y CeFi. Una vez más, ten en cuenta que depositar stablecoins en DeFi y CeFi anualmente implica riesgos, y por lo tanto, aumenta el riesgo global de tu cartera. Aunque, también, el simple hecho de mantener stablecoins puede traer algunos riesgos a tu cartera.

Por último, **una cartera de inversiones equilibrada debería ajustarse ligeramente en función de los ciclos del mercado y de la situación macroeconómica mundial.** Particularmente, en las tendencias alcistas de un mercado, y/o en situaciones de gran euforia en la economía mundial (debidas a un crecimiento significativo en los mercados financieros), se puede invertir un poco más en activos de mayor riesgo, y mantener un poco menos de liquidez. En esencia, se puede calibrar la cartera para que haya más tolerancia al riesgo. Lo contrario ocurre en las tendencias bajistas y/o en situaciones macroeconómicas mundiales complicadas (debidas a crisis financieras, recesiones económicas o a incertidumbres geopolíticas): en estos casos, lo más recomendable es tener mucha cautela a la hora de invertir en activos de mayor riesgo, y mantener una mayor liquidez. En esencia, la cartera de inversiones se calibra para tener una menor tolerancia al riesgo.

Ejemplo Completo de una Cartera de Inversiones Equilibrada con un Riesgo Medio-Alto y una Fuerte Presencia de Criptomonedas y Tokens

Una vez más, antes de seguir, me gustaría recordarte que el siguiente ejemplo se ofrece únicamente con fines educativos, y no debe interpretarse en modo alguno como un asesoramiento en materia de inversión.

La siguiente cartera de inversiones es un ejemplo completo de una cartera equilibrada para una persona que tiene una tolerancia al riesgo de media a alta, y una fuerte presencia de criptoactivos:

- **Sección cripto: 25% de la cartera.** Aquí, el 70% está en BTC, el 20% en ETH, y el 10% se divide en otras 5 Altcoins. Dentro de estos porcentajes, la anualidad destinada a DeFi y CeFi de BTC, de ETH y de las otras Altcoins es alrededor del 20% cada una; mientras que el resto se mantiene en un monedero de harware.

- **Colchón financiero: 45% de la cartera.** De este 45%, el 80% se mantiene en USD; mientras que el 20% restante se mantiene en Stablecoins. Para las anualidades en las plataformas DeFi y/o CeFi, se deposita aproximadamente la mitad de este 20% en Stablecoins.

- **Sección para acciones: 20% de la cartera.** A través de esta sección, uno podría abrirse al mundo de la **inversión en valor** (*value investing*), es decir, la valoración de empresas individuales para encontrar y seleccionar aquellas que tengan valor intrínseco alto, pero que son infravaloradas por el mercado. Sin embargo, si no se tiene experiencia en este campo, sugiero comprar un paquete de **fondos cotizados (ETF)** de renta variable. Los fondos cotizados son vehículos de inversión que siguen el desempeño de un grupo de activos financieros (como acciones, materias primas, índices de mercado y bonos). Uno de los más importantes en Estados Unidos es el S&P 500, que rastrea el desempeño de las 500 mayores empresas cotizadas en los mercados de valores de los Estados Unidos. Los ETF son productos mucho menos arriesgados que cualquier acción individual, por la sencilla razón de que, por defecto, están muy diferenciados. Por lo tanto, esta parte de la cartera en ETF de renta variable no debe considerarse de alto riesgo, y no debe relacionarse con el colchón financiero. Teniendo en cuenta estos elementos, se podría dividir esta sección de 20% de la cartera de la siguiente manera: un ETF de acciones mundiales en un 50%, un ETF de S&P 500 en un 30%, y un ETF de acciones chinas para el 20% restante.

- **Sección de materias primas: 10% de la cartera.** El 7% en oro, y el 3% en plata.

Como este ejemplo de cartera de inversiones se trata de una cartera con un elevado colchón financiero, no incluye algunos activos muy populares, como los bonos de

Estado de países estables. Como alternativa, parte del colchón financiero puede invertirse en este tipo de activos de baja relación riesgo-rentabilidad.

Dollar-Cost Averaging (DCA)

Ahora, veamos la estrategia más común y correcta para crear una cartera de inversiones desde cero: el Dollar-Cost Averaging (DCA). **El Dollar-Cost Averaging consiste en la compra automática y periódica de una cantidad predefinida de activos para tu cartera.** Por ejemplo, si has decidido invertir un total de 10.000 $ para comprar activos, podrías invertir 2.000 $ mensuales de forma automática durante los próximos 5 meses. Esto significa que compras 1/5 de los activos que deseas incluir en tu cartera de inversiones cada determinado día del mes. **De este modo, estarás invirtiendo con un precio medio de compra repartido a lo largo de varios meses, reduciendo el impacto emocional que pueda surgir por elegir el momento inadecuado** (que, de todos modos, no debería importarte mucho; ya que estás invirtiendo, no especulando).

Un parámetro importante que debes elegir para tu DCA es la periodicidad. **El periodo más utilizado es el mensual, comprando así activos cada mes** (como en el ejemplo anterior), pero también puedes invertir con DCA utilizando periodos más cortos o más largos. Además, cuando elijas este parámetro, debes decidir la cantidad de meses en los que repartirás tu inversión inicial. Por regla general, un buen número de meses para repartir tu inversión inicial con DCA puede ser entre 3 y 6 meses.

Si utilizas la estrategia del DCA, recuerda que primero debes minimizar la cantidad de activos de tu cartera de inversiones. Uno de los principales inconvenientes del DCA es que incrementa las comisiones medias al aumentar el número de operaciones de compra de activos. Por lo tanto, utilizar el DCA en una cartera que tenga muchos activos no es lo ideal. Además, como has visto en el ejemplo anterior, no necesitas decenas de activos diferentes para poder crear una cartera de inversiones equilibrada.

El DCA puede utilizarse no sólo para invertir el capital inicial, sino también para invertir periódicamente parte de los ahorros. Este segundo tipo de DCA debería durar muchos años. De hecho, debería convertirse en un hábito financiero saludable y constante. Volviendo al ejemplo anterior: después de invertir 10.000 $ con un DCA de 5 meses y de 2.000 $ al mes, a partir del sexto mes puedes seguir invirtiendo una parte de tus ahorros mensuales en tu cartera; por ejemplo, 200 $ al mes. **Este importe de tu DCA a lo largo del tiempo puede ser constante o variar de un mes a otro, en función de las necesidades de reequilibrio de la cartera de inversiones** (siguiente sección) **y/o del equilibrio con el cash runway.** Por ejemplo, si en un determinado mes has gastado más de lo previsto, y quieres que tu cash runway vuelva a su situación ideal, puedes asignar menos capital al DCA de inversión. Si, por el contrario, en cierto mes has sido particularmente ahorrador; puedes invertir una mayor cantidad de ahorros en tu cartera en dicho mes.

Reequilibrio de la Cartera de Inversiones

Reequilibrar la cartera de inversiones consiste en vender y comprar activos mensualmente (o más, o menos, de una vez al mes) para que esta cartera vuelva a las proporciones iniciales elegidas. Conviene reequilibrar la cartera de inversiones de manera periódica. Esto significa que, con el tiempo, tu cartera puede divergir de su estado inicial. De hecho, es seguro que esto ocurrirá.

Pongamos un ejemplo. He decidido que el 10% de mi cartera de inversiones se asigne a BTC. Sin embargo, un mes después de mi inversión, el BTC sube vertiginosamente, de tal forma que ahora me encuentro con que el BTC vale el 20% de mi cartera. Debido a esto, para mi reequilibrio mensual, por un lado, vendo parte de mis Bitcoins, obteniendo así un beneficio parcial. Y, por el otro lado, compro más cantidad de otros activos de mi cartera que, en cambio, se han mantenido constantes o han bajado (o incluso han crecido menos que BTC); y por tanto ahora tienen menos peso en mi cartera para mis proporciones deseadas.

Cuanto mayor sea el número de activos que poseas, más difícil y costoso será aplicar el reequilibrio mensual. Esta es otra razón por la que recomiendo tener una cartera con un número reducido de activos. Vender y comprar activos puede resultar caro, tanto en términos de comisiones como en términos de fiscalidad (por ejemplo, si obtienes beneficios parciales de una acción, es posible que tengas que pagar impuestos sobre las plusvalías). Por eso, **ten en cuenta las siguientes reglas para reequilibrar tu cartera de inversiones de la forma más eficiente posible:**

1. **No busques la perfección en las proporciones:** Aplica un umbral de tolerancia que sea amplio en relación con las proporciones de los activos de tu cartera (hasta el 4%-5%). No reequilibres un activo de tu cartera si su desviación porcentual respecto a tus proporciones ideales es mínima. Si la divergencia continúa, reequilibra el mes siguiente.

2. **Utiliza el DCA mensual en la medida de lo posible para reequilibrar tu cartera:** Como podrás suponer, el DCA y el reequilibrio de la cartera de inversiones deben hacerse simultáneamente, en parte porque el DCA podría facilitarte el reequilibrio. Esto es porque podrías utilizar la mayor parte posible de los ahorros que inviertes cada mes para comprar activos que reequilibren tu cartera; evitando, si es posible, vender activos. También, podrías ser flexible respecto al importe de los ahorros que inviertes cada mes, de forma que éstos te permitan reequilibrar al máximo tu cartera a lo largo del tiempo. Evidentemente, cuanto mayor sea tu capital total invertido, y menor el ahorro mensual que destines a tu cartera, menos aplicable será esta acción de reequilibrio con el DCA.

3. **Distingue y realiza el reequilibrio de la cartera entre secciones y subsecciones:** Es una buena idea reequilibrar las subsecciones (como BTC, ETH y tokens) entre sí con mayor frecuencia, y reequilibrar las secciones (como

criptos, acciones y materias primas) entre sí en menor frecuencia. Por ejemplo, podrías reequilibrar cada mes las proporciones que deseas mantener en las subsecciones de cripto (es decir; entre BTC, ETH y cualquier otra Altcoin), mientras que podrías reequilibrar las proporciones que deseas mantener entre la sección de cripto y las demás secciones (el colchón financiero, la sección de acciones y la sección de materias primas) cada 3-4 meses.

Por supuesto, nadie te prohíbe revisar la asignación de activos de tu cartera de inversiones a lo largo del tiempo. También, puedes decidir disminuir o aumentar la exposición a un activo concreto (el porcentaje de inversión del activo) de la cartera. Para ello, aprovecha el próximo reequilibrio y el DCA para modificar las proporciones de tu cartera. **De hecho, es recomendable cambiar la asignación de activos en caso de que surja nueva información sobre un determinado activo, y/o en caso de que cambie la situación de los mercados mundiales o los equilibrios macroeconómicos, y/o en caso de que cambie tu tolerancia al riesgo.**

Por último, **haz siempre un buen seguimiento y registro de todos los cambios, inversiones y reequilibrios de tu cartera de inversiones.** Utiliza un archivo de Excel y/o una de las muchas aplicaciones gratuitas especializadas para llevar un registro de tus inversiones en activos cripto y no cripto. Un par de ejemplos son CoinStats y Delta.

Resumen del Capítulo 6

- En una cartera de inversiones, las criptomonedas y los tokens deben considerarse activos de alto riesgo; ya que son activos extremadamente volátiles y arriesgados.

- La sección cripto de tu cartera de inversiones debe ser proporcional al resto de tu cartera.

- En base a tu tolerancia al riesgo, deberías de invertir en criptomonedas siguiendo las siguientes directrices:

  1. Tolerancia al riesgo baja: Inversión del 0% al 5% de la cartera en criptomonedas. Inversiones únicamente en BTC y ETH.
  2. Tolerancia al riesgo media: Inversión del 5% al 15% de la cartera en criptoactivos. La mayoría en BTC y ETH, más un pequeño porcentaje en otras 2-3 Altcoins.
  3. Tolerancia al riesgo elevada: Inversión del 15% al 30% de la cartera en criptoactivos. La mayoría en BTC y ETH, más un pequeño porcentaje en otras Altcoins (yo evitaría superar las 5-6 Altcoins).

- Independientemente de tu tolerancia al riesgo, la cantidad de criptoactivos de una cartera de inversiones equilibrada siempre debería de ser, al menos, de un 80% de BTC y ETH, y de un máximo del 20% de Altcoins distintas de BTC y ETH. Además, el porcentaje de BTC siempre debería ser mucho mayor que el porcentaje de ETH.

- Las inversiones cripto pueden mantenerse (es decir, guardarse) en la cartera de inversiones, o anualizarse en DeFi o CeFi. Esta anualización de tus inversiones en DeFi o CeFi aumenta el riesgo de tu cartera, por lo que se recomienda no anualizar más del 30% de tus inversiones cripto en ellas.

- Una cartera de inversiones equilibrada debe contrarrestar las inversiones en compartimentos de riesgo, como criptomonedas o acciones individuales, con un "colchón financiero". Este colchón financiero consiste en dinero FIAT o, como mucho, activos de muy bajo riesgo (ejemplo: bonos del Estado de países seguros) en un rango de x1 a x2 en relación con los activos de riesgo, dependiendo de tu tolerancia al riesgo.

- El colchón financiero también puede estar compuesto por una parte de stablecoins. Esta parte no debería superar el 30% del dinero total de la cartera. También, puedes depositar parte de esta asignación anualmente en DeFi y CeFi.

- Una cartera de inversiones equilibrada debería ajustarse ligeramente en función de los ciclos del mercado y de la situación macroeconómica mundial.

- El Dollar-Cost Averaging (DCA) consiste en la compra automática y periódica de una cantidad predefinida de activos de tu propia cartera. De este modo, se invierte con un precio medio de compra repartido a lo largo de varios meses, lo que reduce el impacto emocional que pueda surgir de elegir el momento inadecuado. El periodo más utilizado es el mensual, comprando así cada mes. La estrategia del DCA se optimiza si se minimiza al máximo la cantidad de activos de la cartera de inversiones. El DCA puede utilizarse no sólo para invertir el capital inicial, sino también para invertir periódicamente parte de los ahorros. Este segundo tipo de DCA debería durar muchos años. De hecho, debería convertirse en un hábito financiero saludable y constante. El importe mensual del DCA puede ser constante o variar de un mes a otro, teniendo también en cuenta las necesidades de reequilibrio de la cartera de inversiones y/o del equilibrio del cash runway.

- Reequilibrar la cartera de inversiones consiste en vender y comprar activos mensualmente (o más, o menos, de una vez al mes) para que la cartera vuelva a las proporciones iniciales elegidas. Conviene reequilibrar la cartera de inversiones de manera periódica.

- Ten en cuenta las siguientes reglas para reequilibrar tu cartera de inversiones de la forma más eficaz posible:
  1. No busques la perfección en las proporciones
  2. Utiliza la DCA mensual en la medida de lo posible para reequilibrar tu cartera
  3. Distingue y realiza el reequilibrio de tu cartera entre secciones y subsecciones

- Por supuesto, nadie te prohíbe revisar la asignación de activos de tu cartera de inversiones a lo largo del tiempo. De hecho, se recomienda cambiar la asignación de activos en caso de que surja nueva información sobre un determinado activo, y/o en caso de que cambie la situación de los mercados mundiales o los equilibrios macroeconómicos, y/o en caso de que cambie tu tolerancia al riesgo.

- Haz siempre un buen seguimiento y registro de todos los cambios, inversiones y reequilibrios de tu cartera de inversiones. Utiliza un archivo Excel y/o aplicaciones especializadas, como CoinStats y Delta.

PARTE III: Cómo Especular a Corto Plazo con Criptomonedas Copiando al Smart Money y Explotando el Análisis On-Chain

Capítulo 7: Advertencias sobre la Especulación con Criptomonedas

¿Cuánto se Puede Ganar y Perder Especulando con Criptomonedas y Tokens?

Si has leído los capítulos anteriores, deberías conocer la diferencia entre inversión y especulación. En esta Parte III, hablaremos de la especulación y del trading a corto plazo, un tema muy de moda hoy en día, sobre todo cuando se habla de la industria de las criptomonedas. Tal vez hayas visto en la web o en redes sociales historias de personas que han ganado x10, x50, x100, y tal vez incluso más sobre su inversión inicial (aunque el término "inversión" es incorrecto) a través de exitosas operaciones a corto plazo con criptomonedas.

¿Cuánto se puede ganar especulando en criptoactivos? La respuesta es potencialmente mucho: **si puedes comprar en el momento adecuado y vender en el momento oportuno una criptomoneda o token emergente y/o infracapitalizada/o, puedes tener una rentabilidad que oscile entre x2 y x100 (e incluso más) sobre tu apuesta inicial, comprando y vendiendo ese criptoactivo en un horizonte temporal que puede oscilar entre un mínimo de unos pocos días y un máximo de un par de años.** En el sector de las criptomonedas, no es una utopía apostar 2.000 dólares por un criptoactivo y, al cabo de un año, encontrarse con 100.000 dólares de contravalor.

A partir de ahora, como el término "inversión" no es correcto, utilizaremos la palabra "apuesta" para hablar de este tipo de actividad. Así, pues, como se ha podido observar antes, existe la posibilidad de ganar mucho dinero apostando criptomonedas y tokens. Pero, en cambio, ¿cuánto se puede perder? Como puedes imaginar, estamos hablando de operaciones especulativas de alto riesgo: por lo tanto, **muchas de tus apuestas pueden irse a cero.** Con la especulación, con las apuestas, puedes perder todo lo que has apostado. Como puedes ver, nos encontramos en un escenario bastante diferente al de la cartera de inversiones de la Parte II. Sin embargo, la especulación puede hacerte ganar mucho dinero si sabes aplicarla de forma inteligente y consciente.

Especular puede ser difícil en mercados bajistas. De hecho, casi todas las Altcoins se ven afectadas por las tendencias de los precios medios del sector y del precio de BTC. El consejo es aguantar: **no liquides una apuesta especulativa que hayas hecho en un mercado bajista solamente porque el precio haya caído significativamente.** En los mercados bajistas, incluso los activos relacionados con buenos proyectos pueden caer significativamente, pero éstos serán los primeros en rebotar con fuerza cuando el mercado se recupere.

¿Cuánto Dinero Deberías Poner para Especular con Criptomonedas y Tokens?

¿Cuánto dinero debes destinar a la especulación de criptoactivos? En este caso, las directrices que vas a leer a continuación son totalmente diferentes de las de la Parte II de la cartera de inversiones. Lo único que se mantiene en común con la Parte II es el cash runway. De forma similar a lo que hemos visto anteriormente en las inversiones, **antes de dedicar una parte de tu dinero a las apuestas cripto, es absolutamente necesario reservar una cierta cantidad de dinero para poder hacer frente a cualquier imprevisto en la vida.** En capítulos anteriores, ya hablamos de cómo cuantificar este cash runway.

Una vez que tus ahorros superen tu cash runway, tendrás que elegir entre dedicar tus ahorros sobrantes a una cartera de inversiones o dedicarlos a la especulación. O, por qué no, en ambas cosas. Sin embargo, a diferencia de la cartera de inversiones, **la especulación con criptoactivos debe tratarse de forma similar a la inversión de dinero en un negocio online.** Cuando tratas de especular a corto plazo con criptoactivos, no estás invirtiendo en activos financieros de valor a largo plazo, sino que estás tratando de obtener un beneficio rápido a través de un negocio en línea. Por lo tanto, **no debes "invertir" con DCA mes tras mes; sino que, a partir de una determinada inversión inicial "en el negocio", debes tratar de multiplicar tus ganancias en el tiempo.** Pero recuerda: **tu inversión inicial debe ser una cantidad que estés dispuesto a perder, igual que si lo invirtieras en otro negocio online o en uno físico.** Puede ser una aventura empresarial que puede salir bien, al igual que una que puede salir mal.

En las apuestas, estos son mis tres fundamentos: depositar no menos de 500 $ por operación (si tienes capital suficiente)**, diversificar al máximo, y empezar con un capital mínimo de 5.000$** (si tienes capital suficiente).

Los 500 $ son la cantidad mínima que recomiendo dedicar a cada operación especulativa individual (es decir, a cada compra individual de un token o criptomoneda por motivos especulativos). Adicionalmente, respecto a la diversificación, lo mejor es diversificar (distribuir el capital en varios criptoactivos diferentes) tanto como sea posible. Si, por ejemplo, dispones de 10.000 $ para invertir en apuestas, una buena idea podría ser comprar, a lo largo del tiempo, 10 tipos de tokens o criptomonedas que consideres que tienen un alto potencial, invirtiendo 1.000 $ en cada uno/a. Siguiendo este ejemplo, ilustremos un escenario extremo: si de esos 10 tokens o criptomonedas, 8 se van a 0, pero 2 hacen un x10 en pocos meses; entonces habrás duplicado tu capital inicial en pocos meses.

Finalmente, siguiendo con el último fundamento, la cantidad de 5.000 $ es, en mi opinión, el capital mínimo que te permite diversificar eficazmente tus apuestas sin bajar de 500 $ por apuesta.

No recomiendo apostar menos de 500 $ por transacción, porque no creo que tenga mucho sentido invertir mucho tiempo analizando un token o criptomoneda para luego apostar unos pocos dólares por dicho criptoactivo. Pero, si tienes muy poco capital disponible, puedes reducir este umbral de 500 $ por operación.

Especular en DEX

En el Capítulo 4, hablamos de cómo una operación en un DEX sobre un criptoactivo poco capitalizado podría afectar enormemente al precio de la bolsa, porque dicha operación podría desequilibrar la liquidity pool de forma significativa. Por esta razón, ten cuidado cuando deposites muchos miles de dólares en una sola apuesta en un DEX: **si la orden de compra es muy grande en relación con la liquidez global de la liquidity pool, se producirá un gran desequilibrio en el precio del criptoactivo, y esto hará que no sea conveniente realizar la operación.**

Nuestra metodología se basa en especular con criptoactivos de baja capitalización. Más concretamente, sugerimos apostar por criptoactivos con menos de 200 millones de dólares de capitalización. No obstante, en el caso de estos criptoactivos, una orden de muchos miles de dólares puede desequilibrar la liquidez de muchos DEX, haciendo que no sea conveniente comprarlo. ¿Cómo protegerse de esto? **Antes de confirmar una transacción en un DEX, consulta siempre el impacto en el precio de tu operación. Este es un parámetro que puedes encontrar en cualquier DEX antes de confirmar una transacción. El impacto en el precio es bueno si es inferior al 3%, ideal si es inferior al 1%, y malo si es superior al 3%.**

Si el impacto en el precio es superior al 3%, no realices la transacción en ese DEX. En su lugar, busca una alternativa: ¿Hay algún CEX fiable en el que puedas comprar el criptoactivo? ¿Existe otro DEX en el que puedas comprar el criptoactivo, que quizás tenga una liquidity pool más líquida (con una mayor cantidad de criptoactivos disponibles)? **Si no encuentras ningún CEX o DEX mejor, considera la posibilidad de invertir una cantidad menor en la operación.** Si, por ejemplo, estabas considerando invertir 20.000 $ en un criptoactivo, invierte 10.000 $. Verás que el impacto del precio mejorará. **Para minimizar el impacto del desequilibrio de la liquidity pool en el precio medio de compra, también puedes dividir tu apuesta en dos o más operaciones distintas en diferentes DEX.** Si lo haces, asegúrate de no dejarte engañar por el impacto del precio en el momento de la compra; porque, en este caso, ya estás empezando con pérdidas.

Adicionalmente, te recomiendo que mantengas al Ether como tu criptoactivo inicial para operar a corto plazo. No solo el Ether va a pagar tus tarifas de gas, sino que también el impacto del precio es muy a menudo menor si operas con Ethers, ya que es el criptoactivo más utilizado en las liquidity pools de DeFi. Antes de seguir adelante y ver cómo especular aprovechando el análisis on-chain, quiero recordarte que, si tienes ahorros excedentes de tu cash runway, te corresponde a ti decidir qué parte de tus ahorros vas a destinar a tu cartera de inversiones, y/o qué parte de tus ahorros vas a destinar a la actividad especulativa (que, como se ha dicho, más que una forma de inversión, es un negocio online). Dedicar este dinero a una u otra corriente, o dividirlo en ambas, es algo que depende totalmente de ti.

Resumen del Capítulo 7

- En vez de "inversión", el término más adecuado al hablar de especulaciones es "apuesta".

- Se puede ganar potencialmente mucho especulando con criptoactivos: si puedes comprar en el momento adecuado y vender en el momento oportuno una criptomoneda o token emergente y/o infracapitalizada/o, puedes tener una rentabilidad que oscile entre x2 y x100 (e incluso más) sobre tu apuesta inicial, comprando y vendiendo ese criptoactivo en un horizonte temporal que puede oscilar entre un mínimo de unos pocos días y un máximo de un par de años.

- Muchas de tus apuestas pueden irse a cero.

- No liquides una apuesta especulativa que hayas hecho en un mercado bajista sólo porque el precio bajó mucho. Incluso los activos relacionados con buenos proyectos pueden caer significativamente, pero éstos serán los primeros en rebotar con fuerza cuando el mercado se recupere.

- Antes de dedicar una parte de tu dinero a las criptoapuestas, al igual que con la cartera de inversiones, también es necesario apartar una cierta cantidad de dinero para tu cash runway.

- La especulación con criptoactivos debe tratarse de forma similar a la inversión de dinero en un negocio online, al contrario que con la cartera de inversiones: no debes "invertir" en ella con DCA mes tras mes; sino que, partiendo de una determinada inversión inicial "en el negocio", debes intentar multiplicar las ganancias en el tiempo.

- Recuerda: tu inversión inicial debe ser dinero que estés dispuesto a perder, igual que si lo hubieras invertido en otro negocio online o en uno físico. Puede ser una aventura empresarial que puede salir bien, al igual que una que puede salir mal.

- En las apuestas, estos son mis tres fundamentos: invertir no menos de 500 $ por operación (si tienes capital suficiente), diversificar al máximo, y empezar con un capital mínimo de 5.000 $ (si tienes capital suficiente).

- No recomiendo apostar menos de 500 $ por transacción, pues no creo que tenga mucho sentido dedicar tiempo a analizar un criptoactivo para luego apostar sólo unos pocos dólares por él. Sin embargo, si tienes muy poco capital, puedes reducir el umbral de 500 $ por operación.

- Ten cuidado si depositas miles de dólares en una sola apuesta de DEX: si la orden de compra es muy grande comparada con la liquidez global de la liquidity pool, se producirá un gran desequilibrio en el precio del criptoactivo, y esto hará que no sea conveniente realizar la operación.

- Antes de confirmar una transacción en DEX, consulta siempre el impacto en el precio de tu operación. El impacto en el precio es bueno si es inferior al 3%, ideal si es inferior al 1%, y malo si es superior al 3%.

- Si el impacto en el precio es superior al 3%, no realices la transacción en ese DEX. En su lugar, busca una alternativa: ¿Hay algún CEX fiable en el que puedas comprar el criptoactivo? ¿Existe otro DEX en el que puedas comprar el criptoactivo, que quizás tenga un liquidity pool más líquida (con más criptoactivos disponibles)? Si no encuentras ningún CEX o DEX mejor, considera la posibilidad de invertir una cantidad menor en la operación. Verás que el precio mejorará.

- Para minimizar el impacto del desequilibrio de la liquidity pool en el precio medio de compra, también puedes dividir tu apuesta en dos o más operaciones diferentes en diferentes DEX.

- Te recomiendo que mantengas al Ether como tu criptoactivo inicial para operar a corto plazo. No sólo el Ether va a pagar tus tarifas de gas, sino que también el impacto en el precio es muy a menudo menor si operas con Ethers, ya que es el criptoactivo más utilizado en las liquidity pools de DeFi.

- Nuevamente, si tienes ahorros excedentes de tu cash runway, te corresponde a ti decidir qué parte de tus ahorros vas a destinar a tu cartera de inversiones, y/o qué parte de tus ahorros vas a destinar a la actividad especulativa. Esta decisión depende totalmente de ti.

Capítulo 8: Análisis On-Chain y el Enfoque de 5 Pasos de Crypto Go para Especular Copiando al Smart Money

Análisis On-Chain

Nuestra estrategia de especulación con criptoactivos expuesta en este capítulo se basa, como ya sabes, en el análisis on-chain. Sin embargo, ¿qué es este análisis on-chain?

El análisis on-chain es una metodología de investigación que aprovecha la información pública que puede leerse en las blockchains (en las cadenas de bloques) para ayudar a los inversores y especuladores a elegir sus estrategias de inversión y especulación. Como ya deberías saber, todas las transacciones que se producen en una determinada blockchain son públicas, visibles para todo el mundo. Cualquiera puede ver, por ejemplo, los detalles de una transacción en una cadena, las direcciones de envío y recepción, qué criptoactivo/s se transfirieron y en qué cantidad, las comisiones cobradas, e incluso los fondos presentes en una dirección determinada. Lo que hace el análisis on-chain es recopilar y examinar los datos disponibles en las blockchains para ayudarnos a tomar las decisiones correctas con respecto al momento de entrada y salida de un determinado criptoactivo.

Con el análisis on-chain, además de obtener una recopilación y análisis de una blockchain, **puedes ir más allá: también puedes ver qué carteras han tenido un historial de operaciones con grandes beneficios en los últimos meses, y copiar estas operaciones.** Este es un punto clave en la estrategia que voy a exponerte. El análisis on-chain te permite ver, prácticamente en tiempo real, qué están haciendo las ya mencionadas "ballenas" de la industria cripto (es decir, los poseedores/compradores/vendedores de grandes cantidades de determinadas criptomonedas y tokens, que tienen un alto impacto en los movimientos de precios). **Y, además, lo que es mejor: puedes ver lo que hacen las llamadas "ballenas del dinero inteligente".** El dinero inteligente, o Smart Money (SM), es el conjunto de movimientos de capitales importantes que ya han sido realizados por grandes inversores u operadores, teniendo un éxito demostrado. Partiendo de esta definición, **las ballenas del dinero inteligente son ballenas cripto que tienen, en los últimos meses, un envidiable historial probado de operaciones con grandes beneficios.**

Piénsalo: esto es una revolución. En el mundo de las finanzas tradicionales, no se puede saber lo que hacen los grandes inversores institucionales, y no es fácil averiguar cuáles son las entidades que tienen un historial probado de grandes beneficios en operaciones especulativas. Y, al no poder saber ni quienes son, ni qué hacen, no se les puede copiar. En el sector cripto, en cambio, se puede ver todo eso: puedes ver quiénes son las carteras de las ballenas del Smart Money y copiar sus movimientos. Entrar y salir. Puedes saberlo todo o casi todo sobre ellas: qué compran, cuándo lo compran, cuándo lo venden, qué tienen en su monedero, qué operaciones realizan, y mucho más. Lo único que no siempre puedes ver con el análisis on-chain son los nombres, es decir, a quién pertenece la cartera SM (aunque, a veces, incluso esta información es pública). Pero no es importante conocer el nombre y apellidos: sólo nos importa saber que las carteras que copiamos son carteras Smart Money, es decir, carteras de traders o inversores con un gran historial reciente de operaciones con grandes beneficios. Si estos inversores o especuladores están comprando y vendiendo grandes cantidades de un determinado token o criptomoneda en un momento determinado, y tienen un historial de operaciones muy exitoso en los últimos meses, tal vez saben algo que nosotros no sabemos; o, simplemente estén explotando una estrategia de muy alto valor. Por ello, copiar sus movimientos es una muy buena idea. ¿No crees?

Sólo queda una cuestión: ¿cómo se pueden ver estos datos? Todos esos datos, efectivamente, son públicos. No obstante, sólo son visibles a través del análisis de los contratos inteligentes de una blockchain, y no todo el mundo tiene las herramientas para leer esos datos. Además, para leer esos datos de forma independiente, es necesario entender los fragmentos de código que subyacen en la blockchain que se analiza; y el usuario promedio, ciertamente, no es capaz de hacerlo. **Afortunadamente, algunas plataformas toman esos datos de las blockchains, los organizan, y los ofrecen al usuario promedio a través de lo que se denominan "herramientas de análisis on-chain" ("on-chain analysis tools").** Las herramientas de análisis on-chain son sitios web sencillos en donde un usuario común puede acceder a cuadros de mando fáciles de leer, que contienen todos los datos necesarios para comprender lo que están haciendo los operadores del el Smart Money. **Evidentemente, hay que pagar una cuota mensual para consultar las recopilaciones de estas herramientas.** Espero que entiendas el gran potencial que tiene especular en el mundo de las criptomonedas explotando el análisis on-chain. Nunca en la historia de las finanzas ha habido una forma tan interesante de especular: copiando en tiempo real las operaciones de operadores muy grandes con un historial probado de operaciones exitosas. Creo que esto representa una revolución, y una que todos podemos aprovechar. De todos modos, ten cuidado: como verás en la estrategia de 5 pasos que esbozo en las siguientes páginas, no recomiendo copiar ciegamente estas operaciones del Smart Money. Al contrario: te aconsejo que utilices sus movimientos como punto de partida, y luego hagas tu propio análisis sobre el token o criptomoneda que descubras en dichos movimientos para sacar tus propias conclusiones. Ahora, vamos a ver en detalle cómo hacer esto.

¿Qué Herramienta de Análisis On-Chain Utilizar?

¿Cuál es la mejor herramienta de análisis on-chain? Hay algunas buenas herramientas que ofrecen este tipo de servicio. Entre ellas, te sugiero que utilices la herramienta líder del sector, propiedad de una de las empresas cripto de mayor crecimiento de toda la industria: **Nansen.** Esto no es ninguna sorpresa, ya que la capacidad de esta aplicación para extrapolar los movimientos de mercado del Smart Money y, lo que es más importante, para facilitarlos e incluso hacerlos agradablemente legibles para los clientes, es realmente excepcional.

Nota: ¡no se apresure a suscribirse a Nansen de inmediato! Le recomiendo encarecidamente que espere hasta el final de este libro. Sin embargo, si decide suscribirse a Nansen, utilice uno de los enlaces de la página web anterior. Son enlaces de afiliados de Crypto Go. **Si se suscribe a través de estos enlaces, recibirá un descuento especial.**

Para acceder a los enlaces afiliados a Nansen, puedes escanear el código QR desde tu smartphone:

El Enfoque de 5 Pasos de Crypto Go

He aquí un resumen del enfoque de 5 pasos de Crypto Go. En las páginas siguientes, desglosaremos cada punto al detalle:

1. **Descubrir:** Esta fase tiene lugar en Nansen. En ella, descubrimos qué tokens y criptomonedas son los más comprados por los operadores del Smart Money en las últimas 24 horas. Una vez que se elija uno de estos criptoactivos, comienzan las fases de debida diligencia.

2. **Análisis fundamental o debida diligencia fuera de Nansen:** En esta fase, realizamos un análisis fundamental fuera de Nansen sobre el token o criptomoneda elegido, con el objetivo de entender cuál es su proyecto y valorar la calidad del mismo. A través de este análisis, entendemos si el criptoactivo en cuestión puede ser o no interesante para nuestros fines especulativos.

3. **Análisis on-chain o debida diligencia dentro de Nansen:** Aquí, volvemos a Nansen para analizar los datos y la información on-chain que podamos encontrar sobre el criptoactivo elegido. Dichos datos e información pueden confirmar o no nuestro interés en el criptoactivo.

4. **Compra:** Si ambas diligencias son satisfactorias, la criptomoneda o token se adquiere con fines especulativos.

5. **Salida:** Decidimos cómo y cuándo salir de la operación especulativa.

Fase 1: Descubrir

Nuestro punto de partida se encuentra dentro de Nansen. **Esta Fase 1 es muy rápida, ya que consiste en consultar qué tokens y criptomonedas ha comprado los operadores del Smart Money en las últimas 24 horas. El criptoactivo o criptoactivos que se elijan se analizarán en ambas fases de debida diligencia.** Para poder entender de manera completa cómo navegar en Nansen, pongámonos prácticos. Una vez que hayas activado tu suscripción en Nansen, haz clic en "Home" (Inicio), situado en la barra de la izquierda. Una vez que lo hayas hecho, **céntrate en tabla "Smart Money Token Inflow"** (Entrada de Tokens de Dinero Inteligente). Aquí, encontrarás la lista de los criptoactivos más comprados por los operadores del Smart Money en las últimas 24 horas, ordenados de forma descendente. También, encontrarás los importes relativos en dólares de las compras totales de esos criptoactivos. La figura 1 (seguida a continuación) muestra un ejemplo de esta pestaña en Nansen.

Figura 1: Ejemplo de la pestaña "Smart Money Token Inflow" en Nansen

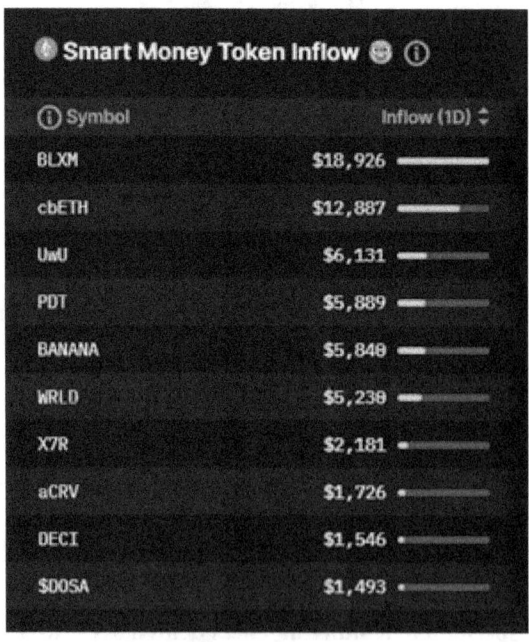

Fuente: Nansen. Imagen utilizada únicamente con fines educativos. Esta imagen no representa ningún asesoramiento en materia de inversión.

En este ejemplo, vemos que el primer criptoactivo de la lista es BLXM, que tiene una entrada total de SM (Smart Money) de 18.926 $ en las últimas 24 horas. **Por lo tanto, se inicia el análisis de este criptoactivo.** Si al final las debidas diligencias proporcionan un resultado negativo, y decidimos no abrir una operación especulativa con este criptoactivo, podemos pasar a analizar, siguiendo el orden descendente, los demás criptoactivos de la lista. También podemos hacer esto si estamos buscando más de un criptoactivo para especular, aunque decidamos comprar BLXM.

En cierto modo, depende de ti decidir cuántos criptoactivos analizar. Sin embargo, recuerda que esa lista cambia todos los días; por lo que todos los días hay una nueva oportunidad para analizar nuevos criptoactivos potencialmente interesantes que se encuentren en la parte superior de la lista.

Fase 2: Análisis Fundamental o Debida Diligencia Fuera de Nansen

La "debida diligencia" consiste en informarse y evaluar la calidad del proyecto cripto del criptoactivo con el que decidimos especular antes de la compra de dicho token o criptomoneda. En esta primera debida diligencia, hacemos nuestras valoraciones independientemente de los datos que podamos ver on-chain, y por tanto en Nansen. A este tipo de debida diligencia también se le puede llamar "análisis fundamental".

¿Por qué necesitamos analizar la calidad de un proyecto cripto, si sólo necesitamos especular con el token o la criptomoneda relacionado/a con él? **El primer motivo es porque no es necesariamente cierto que todo este trabajo nos lleva a identificar un criptoactivo sobre el que "sólo" queremos especular.** Si, de hecho, las dos debidas diligencias van especialmente bien, y crees que has descubierto una joya (un criptoactivo con un proyecto cripto descapitalizado, pero con un potencial de futuro muy elevado), puedes decidir invertir en ese criptoactivo y luego incluirlo en tu cartera de inversiones, aunque dentro de las limitaciones explicadas en la Parte II. **Por el otro lado, si decides que el token o criptomoneda no tiene un proyecto de gran valor intrínseco a largo plazo, y/o te das cuenta de que el proyecto que hay detrás es malo, te desaconsejo especular con ese criptoactivo; incluso si dicho criptoactivo es comprado por operadores del Smart Money.**

El segundo motivo está relacionado con lo dicho anteriormente: sólo debes especular con tokens o criptomonedas relacionadas con proyectos que te parezcan buenos, interesantes, y quizá no excepcionales y con algunas debilidades; pero no con proyectos inútiles, triviales o, peor aún, fraudulentos. Desaconsejo encarecidamente especular con proyectos muy pobres.

Para poder elegir con conciencia los proyectos cripto, hacer un buen análisis fundamental es esencial. Sin embargo, ¿cómo se realiza el análisis fundamental? Para realizarlo, hay muchos factores que investigar, consultar y juzgar. Para explicarlos, he intentado resumirlos en 9 puntos, los cuales explicaré en detalle a continuación.

1. Precio, Volúmenes, Blockchain, Cantidades, CM, FDMC y Posición

Este primer paso consiste en buscar información sobre el criptoactivo que se va a analizar en dos sitios web líderes en el sector de la agregación de datos sobre tokens y criptomonedas. Ambos sitios web están en inglés, pero puedes cambiar el idioma a español. Estos dos sitios son:

- **CoinMarketCap: https://coinmarketcap.com/**
- **CoinGecko: https://www.coingecko.com/**

En estos dos sitios web, se presentan una serie de datos e información muy importantes que debes encontrar y consultar. Para poder analizarlos, también tienes que seguir una serie de pasos, los cuales se indicarán en varios puntos.

- **Nombre (Name):** Situado en la segunda columna a la izquierda de la página principal de la web, indica el nombre de los tokens o criptomonedas que están en alza.

- **Blockchain:** Averigua a qué blockchain pertenece el criptoactivo: ¿Pertenece a Ethereum? ¿A Avalanche? También, ¿este criptoactivo es un token, o una criptomoneda?

- **Precio (Price):** Indican *el valor de un criptoactivo* en USD y su evolución. Se muestra en las segunda y última columnas de CoinMarketCap y Coin-Gecko. En la última columna, se pueden ver los distintos gráficos que muestran la evolución del precio de los criptoactivos correspondientes. Una vez que te hayas informado de la blockchain y de qué tipo de criptoactivo se trata, ve a una de ambas páginas web, y haz clic en el gráfico del criptoactivo que te interesa.

- **Volumen (Volume):** El volumen es la cantidad de un criptoactivo que se ha intercambiado en un periodo específico de tiempo. Para ver el volumen de las últimas 24h de un determinado día, sólo tienes que ir situando el ratón en el gráfico, sin hacer clic en él. Siguiendo esto, para poder ver los distintos volúmenes de varios meses, antes de situar y deslizar el ratón en el gráfico, haz clic en el botón "1A"/"1Y" (1 año/1 year) situado en la barra horizontal izquierda superior al gráfico. También, en CoinGecko, debajo de esta barra, puedes escribir el intervalo de fechas que te interesen de forma manual. Una vez hecho esto, observa los volúmenes negociados en los últimos meses.

Como es lógico, cuanto mayores sean los volúmenes, más gente ha negociado (o está negociando) este criptoactivo. Por ello, si los volúmenes de las últimas 24 horas son muy bajos, puede que el precio que leas no tenga mucho sentido, ya que podría voltearse muy fácilmente. Por ejemplo, si el volumen de negociación actual es de 10.000 $, una orden por encima de 10.000 $ puede distorsionar completamente el precio que estás leyendo. Por esta razón, ten cuidado con comprar un criptoactivo que muestre los volúmenes de las últimas 24 horas muy bajos.

Una vez vistos los volúmenes, se van a observar los datos situados en la parte izquierda al gráfico (en el caso de CoinMarketCap) o en la parte superior al gráfico (en el caso de CoinGecko). En CoinMarketCap, también se pueden ver esos datos en la página principal, y de varios criptoactivos a la vez. Para ello, sólo hay que hacer clic en el botón "Personalizar" ("Customize"), y sencillamente seleccionar los datos que quieras ver. Si vas a añadir todos los que se van a describir a continuación, usa la barra inferior horizontal para poder desplazarte y ver todos los datos. En el caso de CoinGecko, no podrás ver las siguientes tres secciones (las cantidades) y la FDCM en la página principal, pero sí podrás ver las demás.

- **Cantidad circulante, o Suministro en circulación (Circulating supply):** Es el número de monedas que circulan en la actualidad.

- **Cantidad máxima, o Suministro máximo (Max supply):** Es el número máximo de monedas en circulación *que pueden existir en el futuro.*

- **Cantidad total, o Suministro total (Total supply):** Es el número máximo de monedas *que pueden circular en el futuro menos las monedas que se han quemado.* Hablaremos de esta quema más adelante.

- **Capitalización de Mercado (Market Capitalization):** La capitalización de mercado, o CM (MC en inglés), es *el valor en USD del número total de monedas que están en circulación (es decir, de la cantidad circulante).* Para calcularlo, se multiplica la cantidad circulante por el valor en USD. Por ejemplo, si el precio de un criptoactivo es de 100 $, y hay 10 monedas en circulación de ese activo, entonces la capitalización de mercado de ese criptoactivo es igual a 1.000 $ (100 $ (dólares) *10 (monedas circulantes) = 1.000 $ (capitalización de mercado)).

La capitalización de mercado es un valor muy importante para comprender el tamaño de un proyecto cripto: cuanto mayor sea la CM, más maduro y extendido es el proyecto. Por esta razón, cuanto más aumenta el precio de un criptoactivo, más aumenta su CM. Tenlo en cuenta. También, si aumenta el número de monedas en circulación, la CM puede aumentar, aunque el precio baje o se mantenga constante.

Para poder ver la evolución de la CM en los últimos meses, así como la capitalización de mercado actual, haz clic en el botón "Cap. de Mercado"/"Capitalización de Mercado" ("Market Cap"), situado justo encima del gráfico, al lado del botón de "Precio" ("Price"). Al hacerlo, verás el gráfico evolutivo de la CM. Cuando aparezca este gráfico, analízalo: si los volúmenes de un criptoactivo son muy bajos, no sólo tiene poco sentido el precio, sino también la CM, ya que ésta depende del precio.

Como podrás adivinar, los proyectos con mayor capitalización de mercado son BTC y ETH. **En mi estrategia de especulación, me centro en tokens o criptomonedas con una CM baja, normalmente inferior a 200 millones de dólares.** Esto se debe a que, desde la perspectiva de los juegos de azar, para obtener rendimientos muy altos de nuestra apuesta, **lo ideal es entrar en proyectos cripto pequeños, por debajo de 200 millones de dólares de CM, y luego salir cuando se conviertan en proyectos cripto más grandes y extendidos, es decir, cuando superen al menos los 500 o 600 millones**

de dólares de CM. Si un proyecto cripto tiene éxito, el criptoactivo relacionado debería generalizarse, y la capitalización de mercado debería aumentar en consecuencia. Sin embargo, cuidado con comprar criptoactivos con una capitalización de mercado inferior a 50 millones de dólares: pueden ser buenas apuestas, pero el riesgo que se asume con ellos también es un poco mayor.

- **Capitalización de Mercado Totalmente Diluida (Fully Diluted Market Cap):** La capitalización de mercado totalmente diluida, o FDMC (teniendo también las siglas inglesas), es la capitalización de mercado en caso de que todas las monedas de un determinado criptoactivo ya estuvieran en el mercado. En otras palabras: es la capitalización de mercado basada en la cantidad máxima.

  La cantidad circulante de un criptoactivo es casi siempre distinta a la cantidad máxima. Por ejemplo, la cantidad circulante de BTC es inferior a su cantidad máxima; pues, como hemos visto, aún no se han alcanzado los 21 millones de Bitcoins en circulación (los cuales terminarán de producirse en unos 100 años).

  Para calcular la FDMC de un criptoactivo, se multiplica la cantidad máxima por el valor del criptoactivo en dólares. Siguiendo el ejemplo de la CM, si el precio del criptoactivo es de 100 $, y la cantidad máxima de monedas que podría haber del criptoactivo en el futuro es 20, entonces la capitalización de mercado totalmente diluida es igual a 2.000 $ (100 $ (dólares)*20 (posible cantidad de monedas futuras) = 2.000 $ (capitalización de mercado totalmente diluida)).

  Como hemos visto varios capítulos atrás, algo que suele ocurrir es que, en las primeras fases de la creación de un proyecto cripto, un equipo pone en el mercado una cierta oferta del criptoactivo, y luego pone nuevas monedas a lo largo de los años (como en el caso de Bitcoin). Por ello, para el caso real (o hipotético) de que todas las monedas previstas para el futuro ya estuvieran circulando en el mercado, la FDMC nos indica cuál es la CM de dichas monedas *en el precio actual*. Siguiendo esta relación entre ambas capitalizaciones, **si la FDCM y la CM tienen el mismo valor, significa que todas las monedas de un criptoactivo ya están en circulación. Si, en cambio, la FDMC es superior a la CM, esto quiere decir que la cantidad de monedas de un criptoactivo aumentará en el futuro. Y, si la FDMC y la CM divergen mucho entre sí, esto es una señal de alarma. Concretamente, me refiero a una divergencia en donde la FDMC es más de 7-8 veces superior a la CM actual.** Por ejemplo, si la CM actual de un criptoactivo es de 50 millones, y su FDMC es de 500 millones, entonces la FDMC es 10 veces mayor que la CM, lo cual no es una buena señal.

- **Posición (Ranking):** Es la posición en la que está situada un criptoactivo. La posición de los criptoactivos se encuentra en la columna con el símbolo

"#", que es la primera columna a la izquierda de la página principal. Esta es una información importante; pues, cuanto más arriba esté un criptoactivo, en más intercambios centralizados está presente, lo cual es una señal positiva. Sin embargo, las joyas con una baja CM a menudo no están listadas en ningún CEX.

2. Fuentes de Información y Redes Sociales para Tus Preguntas

En este segundo paso, debes buscar información cualitativa sobre el proyecto cripto que te interesa. Para poder obtener esa información, y resolver las dudas que tengas sobre él, **aquí tienes algunas páginas web que puedes consultar y redes sociales en las que puedes interactuar:**

- **Página web oficial del proyecto:** Puedes encontrar el Whitepaper, el Litepaper, los Docs y las auditorías de contratos inteligentes en la página web oficial del proyecto cripto. Hablaremos de ellos en detalle en el siguiente paso.

- **Cointelegraph (https://cointelegraph.com/):** Es un portal de información independiente, entre los más importantes de la industria de las criptomonedas.

- **CoinDesk (https://www.coindesk.com/):** También es un portal de información independiente especializado en el sector de las criptomonedas.

- **Messari (https://messari.io/):** Plataforma donde encontrarás información y análisis de profesionales independientes sobre numerosos proyectos de la industria cripto.

- **Defillama (https://defillama.com/):** Portal de información sobre proyectos DeFi. Es especialmente útil para consultar datos sobre el Valor Total Bloqueado (TVL) de un proyecto. Hablaremos del TVL dentro de un momento.

- **Token Terminal (https://tokenterminal.com/):** Portal de información donde se pueden encontrar análisis y datos sobre diversos proyectos DeFi.

- **Medium (https://medium.com/):** Portal de blogs. Este portal es utilizado por muchos equipos de proyectos de la industria cripto para difundir artículos informativos sobre sus proyectos.

- **Twitter:** Es la red social líder de los usuarios del sector de las criptomonedas. Siempre es una buena idea buscar en Twitter alguna información sobre un proyecto.

- **Discord:** Esta red social la utilizan a menudo los equipos de proyectos cripto para hablar directamente con sus comunidades. Si no sabes usarla, ten cuidado con los intentos de fraude, que también son muy habituales en esa red social: nunca hagas clic en ningún enlace dentro de Discord.

- **X:** También puedes encontrar excelentes canales de información en X que hablen sobre el proyecto cripto que estás analizando.

- **Capital Riesgo (*Venture Capital*) de la industria cripto:** El capital riesgo, también conocido como "capital de riesgo" o *venture capital* (VC), es una inversión (realizada por inversores) en empresas emergentes de alto potencial, asumiendo altos riesgos para obtener posibles ganancias significativas. En el caso de los capitales riesgo de la industria cripto, puedes encontrar excelentes investigaciones gratuitas, particularmente en los blogs o demás sitios web de sus inversionistas. Por supuesto, sólo podrás encontrar información relativa a los proyectos cripto en los que invierten. Algunos grandes nombres de capitales riesgo de la industria cripto son Coinbase VC, a16z, Hashed y Paradigm, entre otros.

Consultando y visitando estas páginas web y redes sociales, podrás encontrar mucha información importante y noticias recientes sobre el proyecto cripto que estás analizando. **Mi consejo es que los consultes con algunas preguntas específicas,** las cuales expondré a continuación. Si hay alguna que no acabas de entender, no te preocupes. En los siguientes pasos, entraremos en algunos conceptos más técnicos.

- **¿Qué hace el proyecto cripto de forma diferente a los demás? ¿Cuál es la finalidad del proyecto cripto?**

- **¿Cómo se crea el token? ¿Cómo se distribuye el suministro de tokens? ¿Para qué se utiliza el token? ¿Es un token de utilidad, o no? ¿Están relacionados el proyecto cripto y el token?** Además de saber cómo se crea un token y cómo se distribuye su suministro, también hay que saber si el proyecto y el token están relacionados, y de qué forma. Si un token no está relacionado con el proyecto cripto, el token no tiene por qué aumentar de precio, aunque el proyecto evolucione bien. Por este motivo, hay que averiguar si el token es útil para el proyecto cripto (siendo entonces un token de utilidad), o no. Si el token no tiene ninguna utilidad, es una señal de alarma. Por poner un ejemplo extremo, el Ether es claramente un criptoactivo de utilidad en el proyecto de Ethereum: sirve para pagar las tarifas de gas. Pero algunos criptoactivos industriales (más específicamente, algunos tokens) no siempre son útiles para los proyectos criptos relacionados con ellos.

- **¿Existe una gobernanza real, o son sólo unos pocos los que poseen casi todas las monedas en circulación?** (Más información sobre este tema en el paso 4).

- **¿Cómo evoluciona el Valor Total Bloqueado (TVL)? ¿Existe una dinámica de capitales mercenarios?** (Más información al respecto en el paso 5).

- **¿Cómo se pagan las APY?** Si estás analizando un proyecto DeFi, el token puede estar conectado a una plataforma DeFi que ofrece soluciones para anualizar inversiones cripto (ya hemos mencionado algunos tipos de dichas anualidades en capítulos anteriores). Si es así, debes tratar de entender cuáles son los mecanismos detrás de la creación de estas anualidades. Sobre todo, debes tratar de entender si estos mecanismos son sostenibles en el tiempo, o no. Si el proyecto ofrece tasas APY elevadas de forma turbia, poco clara o, lo que es peor, claramente fraudulenta; esto es una mala señal.

- **¿Cuáles son las normas de adquisición de derechos para los inversores iniciales y para el equipo del proyecto cripto? ¿Existe el riesgo de que se produzcan eventos cliff? Si se pueden producir eventos cliff, ¿cuándo podrían ocurrir? ¿Cuáles son las normas de quema y recompra del token?** (Más información al respecto en el paso 6).

- **¿Cuál es la historia del proyecto cripto? ¿Han habido grandes errores en el pasado?**

- **¿Quién compone el equipo del proyecto cripto? ¿Qué reputación tienen los miembros del equipo del proyecto cripto? ¿Hablan del precio del token, o de la utilidad del proyecto cripto? ¿Qué tipo de lenguaje utilizan? ¿Hay un líder soberano? ¿Cómo se maneja la tesorería del proyecto cripto?** (Más información sobre este tema en el paso 7).

- **¿Hay algún inversionista que haya invertido un gran capital de riesgo en el proyecto cripto?**

Al saber las respuestas de estas preguntas, también comprenderás la "economía del token" (*tokenomics*) del proyecto cripto. De hecho, este término se refiere a todos los factores que influyen en el uso y el valor de un criptoactivo asociado a un proyecto cripto; como la forma en que se crea el token, cómo se distribuye, la información de suministro, cuál es el rol del token en el proyecto y sus normas de adquisición, quema y recompra.

Por último, recuerda que, cuanta más información detallada encuentres en Internet sobre un proyecto cripto, menor será el riesgo. Y, cuanto más extraño y nuevo sea un proyecto cripto, mayor será el riesgo.

3. Página web del proyecto: Whitepaper, Litepaper, Documentaciones y Auditorías de Contratos Inteligentes

En la página web oficial del proyecto cripto que estés analizando, debes encontrar y consultar las siguientes fuentes:

- **Whitepaper y Litepaper:** El Whitepaper es un documento técnico publicado por una empresa para describir el proyecto cripto que está llevando a cabo, y suele incluir un resumen que sintetiza su contenido. Es, de hecho, un documento técnico que utiliza un lenguaje técnico. Al consultarlo, léelo con espíritu crítico; ya que, además, se trata de un documento técnico y científico. Si no tienes muchos conocimientos técnicos, probablemente sientas que no lo entiendes del todo, ya que estás leyendo algo complicado y técnico. No obstante, el proyecto cripto puede no ser válido si es fácil, trivial y/o está mal escrito. Por último, asegúrate de que no es un documento copiado. Para comprobarlo, cópialo y pégalo en Google. Si aparece otro igual en la web, significa que hay un Whitepaper copiado. En ese caso, intenta averiguar quién copió a quién.

A menudo, además del Whitepaper, se encuentra también el Litepaper. El Litepaper es una versión más concisa del Whitepaper, y está escrita en un lenguaje más accesible.

- **Documentaciones (Docs):** Las documentaciones o *documentations*, también abreviadas como "docs", son contenidos descriptivos sobre un proyecto cripto que exponen toda la información sobre el mismo. Los docs son la evolución del concepto de Whitepaper: como los proyectos DeFi a menudo evolucionan demasiado rápido, resulta inconveniente cambiar el Whitepaper con demasiada frecuencia; por lo que muchos proyectos DeFi ya utilizan docs en vez de Whitepapers.

Los docs suelen diferenciarse entre dos tipos: los que son más sencillos para el público general, y los que son más técnicos. El primer tipo sirve para que los usuarios normales puedan entender cómo utilizar la plataforma DeFi, y el segundo tipo sirve para que los inversores y/o especuladores puedan entender los criptoactivos que están conectados al proyecto cripto, y decidir si comprarlos o no. En este segundo tipo de documentos se puede encontrar, por ejemplo, información sobre cómo se crea un token, cómo se distribuye, y cuál es su oferta.

A la hora de evaluar los docs, se aplican los mismos principios expresados para el Whitepaper: si los documentos son demasiado concisos, triviales, simples o están mal escritos; entonces el proyecto cripto puede tener poco valor.

- **Auditorías de contratos inteligentes (*Smart Contract Audits*):** Una auditoría es la identificación de una persona o entidad que ha creado un proyecto. En la industria cripto, normalmente los mejores proyectos del sector hacen auditar sus contratos inteligentes a través de empresas especializadas. Luego, algunos proyectos cripto publican estas auditorías. Como se trata de un proyecto cripto, estas auditorías se publican bajo el nombre de "Smart Contract Audits".

A la hora de seleccionar las auditorías, siempre debes comprobar la reputación online de la empresa que escribió las auditorías, y leer el contenido de las mismas. Una de las mejores empresas de auditorías de contratos inteligentes es ConsenSys, pero existen muchas otras. También, ten en cuenta que los mejores protocolos (conjuntos de reglas que gobiernan el funcionamiento de, en este caso, los contratos inteligentes) realizan este tipo de auditorías periódicamente. Por último, cuando leas estas auditorías, hazlo con cuidado: pueden dar una opinión negativa del protocolo, o peor aún, pueden ser auditorías falsas.

4. Gobernanza

En este paso, debes intentar comprender el verdadero grado de gobernanza del proyecto DeFi que estás considerando.

En un proyecto cripto, se crean tokens propios en las DApps de DeFi correspondientes, pese a que no tengan ninguna utilidad en dicho proyecto. Entonces, ¿por qué se crean? La razón original era crear un mecanismo de gobernanza. De hecho, normalmente, todos los usuarios que poseen el token de una determinada DApp tienen poder de voto sobre su desarrollo. Así, pues, la idea era crear proyectos lo más descentralizados posible, en los que todos los usuarios tomaran decisiones sobre el futuro del proyecto juntos, como una comunidad. En la práctica, sin embargo, el mecanismo de gobierno de las DApps casi nunca funciona.

Muchos proyectos DeFi, de hecho, utilizan la excusa de crear su propio token de gobernanza para venderlo a inversores privilegiados en las primeras fases del proyecto, y ganar mucho dinero con ello. **Es por ello que debes intentar comprender el verdadero grado de gobernanza del proyecto DeFi que estás considerando.** Comprueba en la DApp si la comunidad hace propuestas, y si los poseedores de tokens votan en ellas. Comprueba cuántos usuarios poseen este criptoactivo, y qué cantidad de monedas de este token hay en los monederos más grandes. Si el 80% del suministro de tokens se encuentra en un solo monedero, y el equipo del proyecto dice que el proyecto tiene una gobernanza muy descentralizada, esta afirmación no es verdadera.

Los proyectos con gobernanza real, que son muy raros en la industria, tienen necesariamente su suministro diluido entre muchos monederos diferentes. Ten en cuenta, sin embargo, que es poco probable que encuentres una joya descapitalizada con una gobernanza muy descentralizada. En las primeras fases de vida de un proyecto cripto, es normal que unos pocos monederos tengan la mayoría de las monedas que están en circulación. **Sin embargo, intenta comprender cómo abordan esta cuestión los miembros del equipo del proyecto**: ¿mienten, o admiten que la gobernanza no está muy descentralizada por el momento, pero que piensan mejorarla en el futuro? Y, si dicen que la gobernanza mejorará en el futuro, ¿cómo piensan hacerlo? En definitiva, evalúa cómo aborda este asunto el equipo del proyecto: si lo hace de forma sincera y equilibrada, o de forma deshonesta.

5. Valor Total Bloqueado (TVL), Capitales mercenarios y Mecanismos detrás de las APY

Para poder entender los conceptos de este apartado, primero hay que explicar qué son las monedas bloqueadas. **Las monedas bloqueadas son las que se encuentran en renta vitalicia en una blockchain o DApp (como las monedas que los proveedores de liquidez colocan en las liquidity pools).** En base a esto, **el Valor Total Bloqueado (o TVL, teniendo las mismas siglas que en inglés) es la** *cantidad total en USD* **de monedas "bloqueadas" en una determinada blockchain o DApp.** El análisis de un TVL puede realizarse tanto a nivel de blockchain como a nivel de DApp individual. A nivel de blockchain, se analiza la cantidad de monedas de un criptoactivo que está bloqueada y en anualidad en todas las DApps basadas en una determinada blockchain. A nivel de DApp individual, se analiza sólo el criptoactivo conectado a esa DApp.

El análisis de un TVL es útil para juzgar los movimientos de los llamados "capitales mercenarios". Al principio, las nuevas blockchains y/o DApps ofrecen grandes APY a quienes depositan liquidez en ellas, y esto suele atraer a ballenas cripto, que depositan mucho dinero y disfrutan de estos altos rendimientos. Cuando esta fase inicial de euforia pasa, y las APY tienen que bajar (porque no son sostenibles a largo plazo), estas ballenas suelen marcharse. En consecuencia, estas ballenas cripto se convierten en lo que se denomina como capitales mercenarios. Si observamos el gráfico de un TVL, a menudo podemos darnos cuenta de los momentos en que comienzan estas campañas de altos incentivos, y en los que las ballenas ponen su capital en renta. Más tarde, cuando el TVL cae, esto puede significar que tal vez los incentivos están disminuyendo; y, por lo tanto, que estas ballenas cripto se están yendo. **Cuando estemos en una determinada blockchain y/o DApp, siempre hay que evaluar en qué punto estamos en el ciclo del TVL e incentivos.** Es muy importante entender y evaluar estas dinámicas.

Por último, en relación con lo explicado, también está el evaluar la sostenibilidad de las tasas APY ofrecidas por las DApps. **Si una DApp explica claramente los mecanismos por los que garantiza determinadas APY, es una buena señal. Por otro lado, si no entiendes bien de dónde vienen esas altas APY o, peor aún, crees que esas APY son insostenibles, entonces lo mejor sería mantenerse alejado del criptoactivo que estás analizando.**

6. Quema, Recompra y Eventos Cliff

Empezando por el primer concepto, **la quema es una metodología para destruir cierta cantidad de monedas en circulación y reducir la oferta.** ¿Por qué el equipo de un proyecto cripto decidiría quemar sus propias monedas? Puede haber varias razones. Por ejemplo, para evitar una caída del precio. En las stablecoins algorítmicas, la quema suele utilizarse como mecanismo para mantener la vinculación con la moneda FIAT. Existen varios métodos técnicos de quema, y el más común (simplificando al máximo) consiste en enviar tokens a una dirección de quema, creada para tal efecto.

El mecanismo de recompra es básicamente el mismo que el de quema, salvo que la oferta disminuye mediante una fuerte compra de tokens por parte del equipo del proyecto. Teniendo en cuenta ambos mecanismos, **necesitas entender y evaluar cómo funcionan tanto el mecanismo de entrada del suministro como, eventualmente, el mecanismo de quema del token que estás evaluando.** Sólo entonces podrás hacerte una idea de lo que ocurrirá en el futuro con respecto al suministro del token en el mercado. Ahora, para entender qué es un evento cliff (*cliff event*), primero hay que comprender los parámetros que definen un proyecto cripto de alta calidad. **Un proyecto cripto de alta calidad suele incluir reglas de adquisición de derechos (*vesting rules*); es decir, normas que establecen que las monedas propiedad de**

los miembros del equipo del proyecto cripto, y las monedas vendidas a los inversores en el momento del lanzamiento del proyecto, no pueden revenderse en el mercado durante un determinado periodo de tiempo. Este periodo se denomina "periodo de adquisición de derechos" (*vesting period* o *lockup period*).

Cuando finaliza el periodo de adquisición de derechos, puede producirse un evento cliff, que es la venta masiva del token en el mercado por parte de estos grandes inversores iniciales. Dado que muchos inversores iniciales invirtieron al mismo tiempo, y en rondas de inversión específicas; a menudo tienen el mismo periodo de adquisición de derechos; y, por tanto, su evento cliff coincide. Esto da aún más fuerza a las ventas masivas, que pueden causar un colapso ruinoso del token. Adicionalmente, cuanto menor sea la CM del criptoactivo, mayor será su colapso durante el evento cliff. Hay que investigar las normas de adquisición de derechos del proyecto cripto, y deducir si existe el riesgo de que se produzca un evento cliff. Y, si existe tal riesgo, hay que saber cuándo puede producirse. Si conoces esta información, podrás evitar problemas al momento de realizar tu apuesta especulativa (por ejemplo, no comprando el criptoactivo antes de que se produzca un evento cliff), e incluso podrás utilizar esta información para tu propio beneficio (por ejemplo, vendiendo el criptoactivo antes de que se produzca un evento cliff, o comprándolo después de que se produzca).

7. Equipo, Lenguaje, Líder y Tesorería

A la hora de escoger un proyecto cripto, también hay que tener en cuenta el equipo y el líder detrás de él, el lenguaje utilizado, y el manejo de la tesorería. Empezando por el equipo, busca en Google a los miembros del equipo del proyecto cripto que estás analizando. Averigua quiénes son, qué han hecho en el pasado, y cuál es su reputación. El equipo que está detrás de un proyecto cripto casi siempre es público. Sin embargo, si el equipo del proyecto cripto es anónimo, no lo consideres como algo necesariamente negativo. Quizás crean mucho en la descentralización de su proyecto, y quieran evitar introducir elementos de centralización desde el principio. Siguiendo con el lenguaje, una vez que hayas encontrado a los miembros del equipo, analiza el lenguaje que utilizan cuando hablan del proyecto cripto. ¿Sólo hablan del precio del token? Esto es una muy mala señal. Deberían hablar de la utilidad de su proyecto cripto y de la utilidad que el token tiene en él, no del precio. ¿Hablan utilizando un lenguaje que parece sacado de una clase de marketing y redacción publicitaria? Esta es otra mala señal. El equipo debe hablar utilizando un lenguaje técnico y científico, no orientado al marketing, especialmente en los documentos oficiales del proyecto (Whitepapers, docs). Evita a toda costa los tokens con afirmaciones muy agresivas como "el nuevo Bitcoin" o "el nuevo Ether". Espero que este libro te haya hecho ver que es muy difícil replicar Bitcoin y Ether. Respecto al líder, si el proyecto cripto se basa en la presencia de un líder fuerte, casi un gurú, esto es una señal de alarma. Tener un "líder maestro" de gran influencia, con seguidores que le siguen ciegamente en todo lo que dice, es todo lo contrario a la descentralización. El riesgo es mucho mayor si un proyecto cripto está demasiado ligado a una sola persona. Además, se aniquila el pensamiento crítico de una comunidad, el cual es una virtud.

Por último, en relación con la tesorería, **intenta comprender los mecanismos por los que se gestiona la tesorería de un proyecto cripto.** La tesorería de un proyecto cripto son los fondos que permiten, por ejemplo, que funcione la DApp relacionada. Si el equipo explica públicamente los mecanismos en los que se basa su gestión de tesorería, esto es sin duda una buena señal.

8. Comparación con proyectos cripto similares

A continuación, te aconsejo que compares el proyecto cripto que estás considerando con otros proyectos cripto similares del sector. Recuerda siempre que debes comparar el proyecto cripto y el criptoactivo que has elegido únicamente con proyectos y criptoactivos que pertenezcan *a la misma categoría* (un token con otro token, por ejemplo), y que sean lo más parecidos posible. Como forma de explicación, volveremos a uno de los primeros conceptos explicados en este libro. Como ya sabrás, no se puede comparar una Capa 1 con un token ERC20, ya que son criptoactivos completamente diferentes. Tienes que comparar Capas 1 entre sí, y tokens ERC20 entre sí. Siguiendo esta idea, **intenta evaluar si el proyecto cripto que estás analizando hace algo diferente y/o mejor que otros proyectos cripto que sean similares y que conozcas en la industria.**

9. Evaluar con flexibilidad

Todas las comprobaciones anteriores deberían hacerte desarrollar tu propia valoración sobre el proyecto cripto que has considerado. No obstante, **evalúa el proyecto cripto con flexibilidad, y no lo descartes si alguno de los puntos anteriores es ambiguo. Recuerda que estás especulando, no invirtiendo.** Por ejemplo, es normal que los tokens con una CM inferior a 200 millones de dólares, que son los que buscamos con fines especulativos, no tengan una gobernanza descentralizada. Así que no los descartes solamente por eso: evalúa cómo aborda el equipo del proyecto el tema de la gobernanza. También, como ya se ha mencionado, si encuentras un token o criptomoneda que supera brillantemente todos los análisis y consideraciones fundamentales, probablemente deberías incluirlo en tu cartera de inversiones a largo plazo, y no limitarte a especular con este criptoactivo. **En su lugar, para especular, elige proyectos buenos e interesantes que pasen la mayoría, pero no todos, los criterios y observaciones que acabamos de discutir.** Finalmente, quiero enfatizar lo que he dicho anteriormente: cuánto arriesgar, es decir, cuán flexible ser al anular algunas señales negativas que hayas identificado en un determinado proyecto cripto, depende totalmente de ti. Y depende de tu tolerancia al riesgo. Mi objetivo al proporcionarte esta información a través de este libro es sólo darte las herramientas que necesitas para hacer tus propias evaluaciones personales.

Fase 3: Análisis On-Chain o Debida Diligencia Dentro de Nansen

Una vez que hayas completado tu análisis fundamental fuera de Nansen, necesitas llevar a cabo un segundo tipo de debida diligencia: el análisis on-chain dentro de Nansen. **En esta fase, debes buscar pistas adicionales sobre la calidad del criptoactivo que hayas elegido, utilizando los cuadros de mando que Nansen te proporciona. En esta segunda debida diligencia, deberías evaluar las transacciones** que los operadores del Smart Money han realizado con el criptoactivo a lo largo del tiempo, utilizando las percepciones del análisis on-chain. A continuación, te mostraré los pasos a seguir.

1. Averiguar cuáles son las carteras Smart Money que han comprado el criptoactivo recientemente

Entra a Nansen, y vuelve a la pestaña "Smart Money Token Inflow" que vimos en la Fase 1 "Descubrir". Una vez en ella, **haz clic con el botón derecho del ratón sobre el criptoactivo que hayas elegido, y elige "Token Movements"** (Movimientos de Tokens) **en el menú abierto.** En este punto, aparecerá la tabla "Fill in the inputs to see the data" (Rellena las entradas para ver los datos) (Figura 2). Para fines educativos, utilizaremos el token "Ethereum Name Service (ENS)" como ejemplo.

Figura 2: Ejemplo de la tabla "Fill in the inputs to see the data" de Nansen

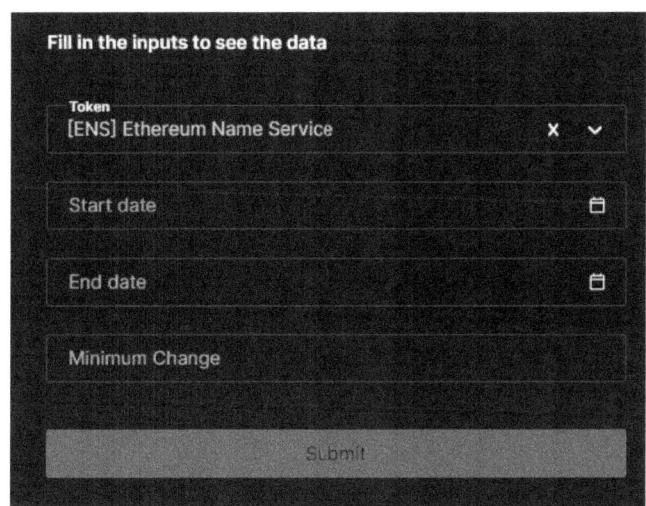

Fuente: Nansen. Imagen utilizada únicamente con fines educativos. Esta imagen no representa ningún asesoramiento en materia de inversión.

En esta tabla, debes introducir el intervalo de fechas sobre el que analizar las transacciones del SM en el criptoactivo, y el importe mínimo de transacción a analizar. Te recomiendo que introduzcas los últimos 2 días como intervalo de fechas, y 0 como cambio mínimo.

Después de esperar unos segundos mientras Nansen procesa los datos, verás un cuadro de mandos que incluye dos tablas de datos.

La primera tabla de datos se llama "Balance changes in the period" (Cambios de saldo en el periodo)**.** Ordena los datos en orden descendente según la cantidad de monedas que entran en una determinada cartera haciendo clic en "Change" (Cambio).

89

En este punto, tienes que desplazarte por todas las páginas de la tabla, y encontrar las carteras SM que han acumulado el criptoactivo elegido en los últimos 2 días.

¿Cómo puedes saber si una cartera pertenece a un operador del Smart Money o no? **En Nansen, las carteras SM se indican con el emoji de un nerd.** Veamos el siguiente ejemplo (Figura 3):

Figura 3: Ejemplos de la tabla "Balance changes in the period" en Nansen

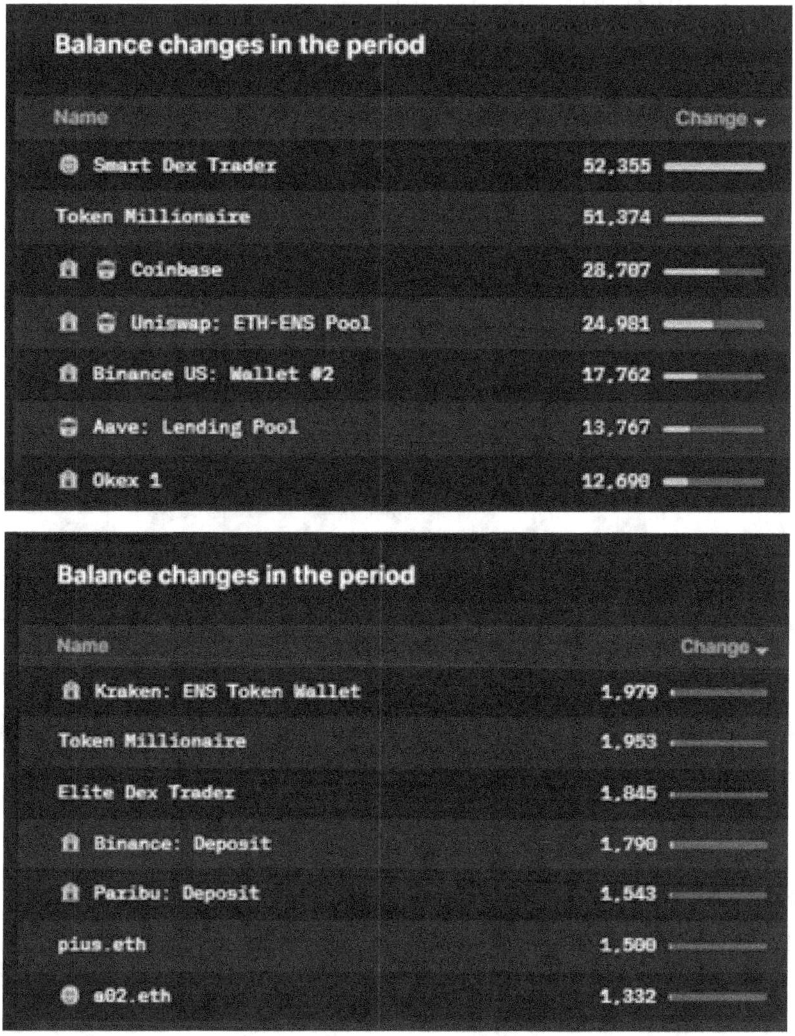

Balance changes in the period

Name	Change ▾	
⊜ Smart Dex Trader	52,355	▬▬▬▬
Token Millionaire	51,374	▬▬▬▬
🏛 ⊜ Coinbase	28,707	▬▬▬
🏛 ⊜ Uniswap: ETH-ENS Pool	24,981	▬▬▬
🏛 Binance US: Wallet #2	17,762	▬▬
⊜ Aave: Lending Pool	13,767	▬▬
🏛 Okex 1	12,690	▬

Balance changes in the period

Name	Change ▾	
🏛 Kraken: ENS Token Wallet	1,979	▬▬▬
Token Millionaire	1,953	▬▬▬
Elite Dex Trader	1,845	▬▬▬
🏛 Binance: Deposit	1,790	▬▬▬
🏛 Paribu: Deposit	1,543	▬▬
pius.eth	1,500	▬▬
⊜ a02.eth	1,332	▬▬

Fuente: Nansen. Imagen utilizada únicamente con fines educativos. Esta imagen no representa ningún asesoramiento en materia de inversión.

En estos ejemplos, vemos que dos carteras SM (llamadas "Smart Dex Trader" y "a02.eth") han acumulado, en los últimos 2 días, una cantidad significativa del criptoactivo analizado. La primera cartera SM (Smart Dex Trader) ha acumulado 52.355 monedas, mientras que la segunda cartera SM (a02.eth) ha acumulado 1.332 monedas. Añadiendo una nota: en esta tabla, los datos no están en USD, sino en unidades de criptoactivos (monedas). Comprueba todas las páginas de esta tabla, y anota todas las carteras SM que encuentres. Cuantas más carteras SM encuentres, mayor será el indicativo será para comprar el criptoactivo.

La segunda tabla es "Top transactions in the period" (Principales transacciones en el periodo). Para poder ver esta tabla, deslízate hacia abajo desde la primera. Luego, haz clic en "Time" (Tiempo) para ordenar las transacciones de más a menos reciente. Una vez que lo hayas hecho, **consulta todas las páginas de la tabla, y anota todas las carteras SM de la columna "To" ("Para", que contiene las carteras de entrada de una transacción). Estas carteras deberían coincidir con las encontradas anteriormente.** Con esta tabla, podrás darte cuenta de cuántas transacciones hicieron esas carteras SM; y, lo que es más importante, cuándo las hicieron. Si encuentras una (como en la siguiente Figura 4) o más carteras SM que han acumulado el criptoactivo en las últimas horas, esto es una buena señal para comprar.

Figura 4: Ejemplo de la tabla "Top transactions in the period" en Nansen

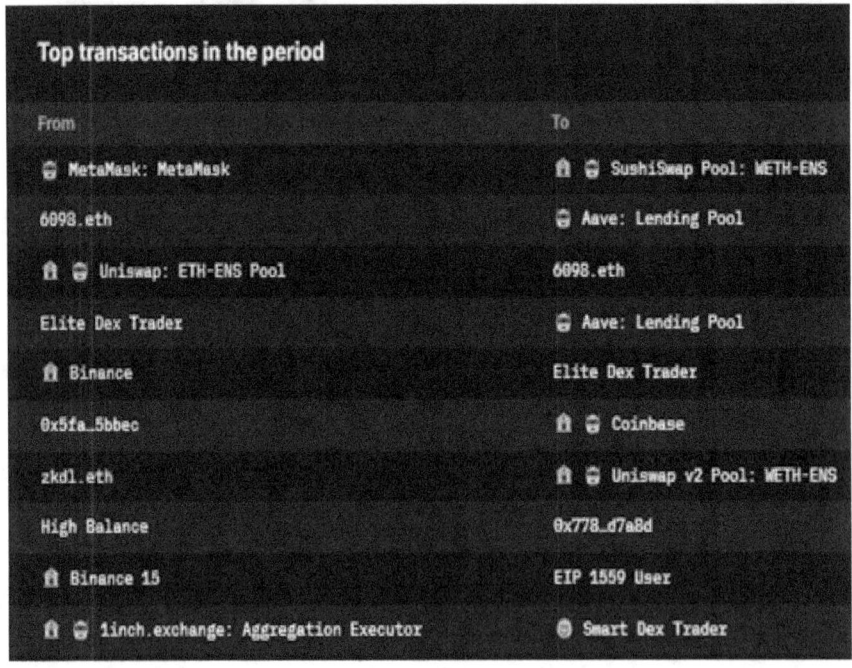

Fuente: Nansen. Imagen utilizada únicamente con fines educativos. Esta imagen no representa ningún asesoramiento en materia de inversión.

Ahora, ya sabes cuáles son las carteras SM que han acumulado el criptoactivo en los últimos 2 días, cuántas transacciones hicieron, y cuándo las hicieron. El siguiente paso es analizar las carteras SM que has encontrado.

2. Análisis de las carteras SM que han comprado recientemente el criptoactivo

Siguiendo en el cuadro de mandos anterior, haz clic con el botón derecho del ratón encima de la primera cartera SM que hayas encontrado, y selecciona la opción "View on Nansen portfolio" (Ver en cartera Nansen). **Cuando lo hagas, se abrirá un panel en el que podrás ver información diversa sobre la cartera SM.** Primero, comprueba si el operador del SM aún tiene el criptoactivo en su cartera, o si ya lo ha vendido. Si el operador del SM no ha vendido el criptoactivo, evalúa el peso de ese criptoactivo en su cartera. Naturalmente, cuanto más peso tenga el criptoactivo en la cartera SM, mayor será la señal para comprar. Veamos el siguiente ejemplo (Figura 5):

Figura 5: Ejemplo del panel "View on Nansen portfolio" en Nansen

Fuente: Nansen. Imagen utilizada únicamente con fines educativos. Esta imagen no representa ningún asesoramiento en materia de inversión.

En este ejemplo, el token ENS representa casi el 10% de la cartera SM. Sin duda, un porcentaje significativo. Se trata de una excelente señal de compra.

Ahora, vuelve a la página de inicio, y vuelve a colocar el cursor en la cartera SM. Luego, haz clic con el botón derecho del ratón, y selecciona "Wallet profiler for token" (Perfil de cartera para el token). En esta sección, veremos un gráfico y una tabla.

Primero, está el gráfico "Token balance over time with historical price" (Saldo de tokens a lo largo del tiempo con un precio histórico). **Una vez en él, observa cómo ha evolucionado la cantidad del criptoactivo que posee la cartera SM.** Si esta cantidad va en aumento, es una buena señal.

Ahora, deslízate hacia abajo, y mira la tabla llamada "Largest token transactions" (Mayores transacciones de tokens). Cuando llegues, haz clic en "Time" para ordenar los datos de más a menos reciente. **Ya ordenados los datos, consulta las transacciones entrantes más recientes del criptoactivo analizado en la cartera SM.** Para ello, basta con hacer clic con el botón derecho del ratón en los tres puntos situados en el extremo derecho de la transacción que te interesa, y seleccionar "Tx". Serás trasladado a otra página web (casi siempre Etherscan) que te va a mostrar todos los datos sobre la transacción específica en la blockchain.

En esta página web que se ha abierto, verifica que el operador del SM ha comprado <u>voluntariamente</u> el criptoactivo, ya sea cambiándolo por otro criptoactivo en un DEX o comprándolo a través de un CEX. Si, en cambio, descubres que el operador del SM ha recibido el criptoactivo gratuitamente, no lo compres. Un método muy sofisticado para bombear Shitcoins es, de hecho, el regalo de cantidades sustanciales de esa Shitcoin a una cartera SM; con la esperanza de que alguien que realice el análisis on-chain, como nosotros, vea la transacción y decida comprar el token porque un operador del SM la compró. En realidad, lo que ha sucedido es que el operador del SM recibió el token en contra de su voluntad, ya que se lo enviaron gratis. Es por este tipo de casos que es esencial saber si, tras la recepción de un token, hubo un intercambio real, una compra real de dicho token, o no. En la transacción del ejemplo que estamos siguiendo, como vamos a observar (Figura 6), el propietario de la cartera SM compró el token RLB, cambiando Ethers suyos por tokens RLB. "Swap" es "Intercambio", y "For" es "Por", indicando qué criptoactivo (Ethers, en este caso) se cambió por cuál (RLB, en este caso). Así, pues, el operador del SM compró el token RLB por voluntad propia. Todo correcto y, por lo tanto, una buena señal.

Figura 6: Ejemplo de una acción de transacción en Etherscan.

> Swap 0.136 Ether For 3,156.078483464480938975 🔲 RLB On 🦄 Uniswap V3

Fuente: Etherscan. Imagen utilizada únicamente con fines educativos. Esta imagen no representa asesoramiento de inversión.

Por último, si estás familiarizado con el mundo DeFi, también puedes intentar averiguar qué ha hecho y qué está haciendo este operador del SM con el criptoactivo analizando todas las transacciones que encuentres en la tabla "Largest token transactions". De hecho, estas transacciones también nos dicen a menudo si, por ejemplo, el operador del SM está siendo un proveedor de liquidez con ese criptoactivo, o si lo está anualizando de alguna forma más avanzada. A efectos de tus fines especulativos, puede ser interesante tratar de entender si el operador del SM está utilizando el criptoactivo en una estrategia de anualidad en DApps de DeFi, y cómo. Sin embargo, si no eres un experto en anualidades de DeFi, no te preocupes. No es esencial entender cómo el operador del SM está (eventualmente) anualizando el criptoactivo. Lo más importante es comprobar que el operador del SM realmente quería comprar el criptoactivo, y que lo está manteniendo en su cartera por voluntad propia.

Como podrás suponer, **el análisis explicado en este segundo paso debe repetirse para todas las carteras SM que identificaste en el paso 1.**

3. Evaluación de las observaciones en el "Token God Mode"

Para este tercer y último paso del proceso de debida diligencia dentro de Nansen, continúa tu análisis volviendo a la página principal de Nansen. Cuando estés ahí, sitúa el cursor sobre el criptoactivo analizado en la tabla "Smart money token inflow", haz clic con el botón derecho, y selecciona "Token God Mode" (Token "Modo Dios"). **Al hacerlo, encontrarás cuatro pestañas que resumen varias percepciones onchain del criptoactivo** (ya has tenido la oportunidad de analizar parte de esta información en la Fase 2). Estas cuatro pestañas son: "Transactions", "Exchanges", "Smart Money" y "Token Distribution".

En "Transactions" (Transacciones), puedes consultar:

- El precio y los volúmenes del criptoactivo en los últimos meses.
- Cuáles son los DEX y las liquidity pools en los que más se negocia el criptoactivo.
- Las últimas transacciones en DEX y CEX.

Pasando a la pestaña "Exchanges" (Intercambios), puedes consultar:

- En qué CEX puedes encontrar el criptoactivo, y en qué cantidad.
- Qué porcentaje de la oferta se encuentra en los CEX.
- Operaciones de depósito y retirada de criptoactivos en los CEX.

En la pestaña "Smart Money", encontrarás algunos datos importantes en un gráfico y dos tablas que tendrás que analizar.

Primero, echa un vistazo al gráfico "Tokens Held by Smart Money with # of Wallets" (Tokens en Posesión de Dinero Inteligente con el Número de Carteras). **Este gráfico muestra cómo ha evolucionado el número de carteras SM que poseen el criptoactivo a lo largo del tiempo, así como el saldo que poseen.** Cuanto más crezcan estas dos cifras, mayor será la señal de compra. En la Figura 7 (seguida a continuación), estos datos son agridulces: por un lado, el saldo total del criptoactivo en manos de las carteras SM ("Total Smart Money Balance") está aumentando; pero, por el otro lado, el número total de carteras SM que poseen el token ("# of Smart Money Wallets") ha ido disminuyendo de forma constante en los últimos meses.

Figura 7: Ejemplo del gráfico "Tokens Held by Smart Money with # of Wallets" en Nansen

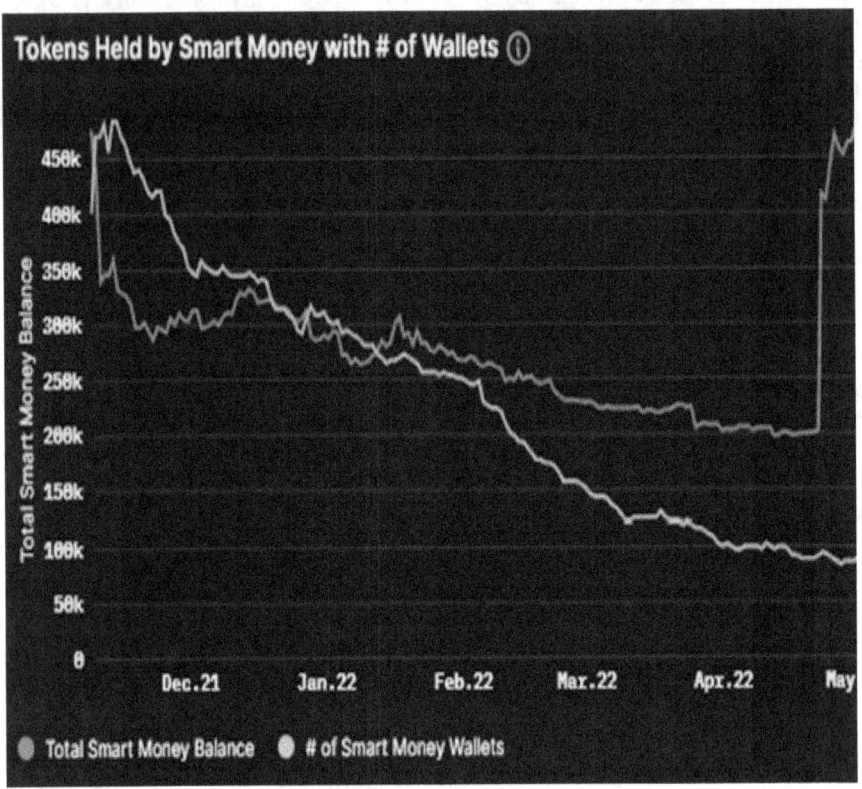

Fuente: Nansen. Imagen utilizada únicamente con fines educativos. Esta imagen no representa ningún asesoramiento en materia de inversión.

Después de analizar el gráfico anterior, deslízate hacia abajo para ir a la tabla "Token Holdings of the Aggregated Smart Money Segment for Token" (Tenencias de Tokens del Segmento de Dinero Inteligente Agregado para Token). **Ahí, podrás averiguar qué carteras SM poseen actualmente el criptoactivo.** Te recomiendo que hagas clic en "Balance" (Saldo) para ponerlas en orden descendente, en función de la cartera que tenga un contravalor en USD más alto de ese criptoactivo. Por supuesto, cuantas más carteras SM encuentres que tengan el criptoactivo, mejor. Además, también podrías realizar el análisis descrito en el párrafo anterior para todas las carteras SM que encuentres en esta tabla, al menos para aquellas que tengan una gran cantidad del criptoactivo analizado en su cartera.

Figura 8: Ejemplo de tabla "Token Holdings of the Aggregated Smart Money Segment for Token" en Nansen

Token Holdings of the Aggregated Smart Money Segment For Token		
Name	Token Balance ⇅	Balance ⌄
Patricio Worthalter	49.383	$826.818
a02.eth	35.755	$599.686
Smart LP: 0x7bd	17.094	$286.674
Smart Dex Trader	8.177	$137.134
Smart Dex Trader	7.795	$130.722
Smart LP: 0x9e5	6.000	$100.620
Smart Dex Trader	6.000	$100.620
epheme.eth	5.760	$96.594
mtm.eth	3.300	$55.341
Private Sale Investor	3.165	$53.076
Alameda Research: 0x882	3.070	$51.476

Fuente: Nansen. Imagen utilizada únicamente con fines educativos. Esta imagen no representa ningún asesoramiento en materia de inversión.

Más abajo, en la tabla "Token Transfers for Token" (Transferencias de Token por Token)**, puedes consultar todas las transacciones relacionadas con el criptoactivo que fueron realizadas por las carteras SM en los últimos meses.** Puedes ordenarlas según el valor de la transacción o según el momento en que se produjo. **Ya finalizado el análisis en la pestaña "Smart Money", ve a la pestaña: "Token Distribution"** (Distribución de Tokens). En esta pestaña, analizarás las últimas tablas y gráficos.

En "Token Balances" (Saldos de Tokens)**, puedes ver la distribución del suministro del criptoactivo por categorías**; incluyendo carteras SM, fondos, CEX, y DEX. **A continuación, en la tabla "Top Balances"** (Saldos Superiores)**, puedes ver de forma más clara la distribución del suministro del criptoactivo por monederos individuales.** Para ordenar los datos en orden descendente, empezando por los monederos que poseen los mayores porcentajes de suministro, haz clic en "% Ownership" (% de Propiedad). Estos datos te dan una muy buena información sobre la descentralización del proyecto y su gobernanza: cuantas más monedas estén distri-buidas en diferentes monederos, mejor. También, intenta averiguar a quién pertene-cen los monederos con los saldos más altos: ¿Son los monederos del equipo del pro-yecto cripto y/o los de los inversores iniciales? ¿Son los monederos de la tesorería? Si son los de la tesorería, ¿explica el proyecto cómo se utilizan estos monederos? ¿Son monederos CEX, o monederos DEX? (En los monederos DEX, es normal que se produzcan grandes concentraciones; ya que representan a muchos usuarios). Para saber mejor esta información, mira los emojis que Nansen suele vincular a los mone-deros mostrados. **Puedes consultar el significado de todos los emoticonos que uti-liza Nansen en la parte inferior derecha de la plataforma, en la sección corres-pondiente. Después de averiguar la información de los monederos, desplázate por todas las páginas de esta tabla, y comprueba si algún operador del SM ha acumulado un saldo elevado del criptoactivo.** Cuantas más carteras SM encuentres, y mayor sea su saldo en ese criptoactivo, mayor será la señal de compra.

Figura 9: Ejemplo de la tabla "Top Balances" en Nansen

Top Balances		
Name	Balance	% Ownership
Ethereum Name Service: Communi_	61,620,966	62%
Ethereum Name Service: Timeloc_	10,061,835	10%
Binance 8	5,200,000	5.2%
ENS DAO: Community Reward Funds	1,826,301	1.83%
Okex 1	953,829	0.95%
Token Millionaire	485,631	0.49%
Aave: Lending Pool	469,771	0.47%
FTX: 0x2fa	436,193	0.44%
Dex Trader	322,890	0.32%
Binance 14	320,780	0.32%
Found on BSC	306,100	0.31%
Dex Trader	302,936	0.3%

Fuente: Nansen. Imagen utilizada únicamente con fines educativos. Esta imagen no representa ningún asesoramiento en materia de inversión.

En el ejemplo mostrado (Figura 9), podemos observar que el 62% del suministro de tokens se encuentra en un único monedero. Esto no es lo mejor para la descentralización y la gobernanza. Sin embargo, se puede ver que el monedero en cuestión es el monedero "Community Treasury" (Tesorería de la Comunidad). En este caso, podría ser útil buscar cómo se utiliza esta cartera de tesorería en los documentos del proyecto. También pueden realizarse análisis similares en todos los demás monederos con saldos elevados del criptoactivo. Adicionalmente, te recuerdo que, para los proyectos cripto de menos de 200 millones de dólares de CM, es normal encontrar una concentración del suministro del criptoactivo en uno o unos pocos monederos.

Si te deslizas hacia abajo, encontrarás los mayores cambios del saldo del criptoactivo en los últimos 7 días. Y, deslizándote aún más abajo, encontrarás los últimos tres gráficos.

En el gráfico "Top Holders: Balances" (Principales Titulares: Saldos) se muestra de forma gráfica cómo ha evolucionado el saldo de los principales titulares del criptoactivo en los últimos meses.

En el gráfico "Token Seniority Distribution" (Distribución de la Antigüedad de los Tokens) se muestra el tiempo medio de tenencia del criptoactivo. Cuanto mayor sea el tiempo medio, mejor, porque eso significa que es un criptoactivo que muchos inversores han decidido mantener a largo plazo, señal de que les gusta el proyecto cripto (ejemplo: Figura 10).

Finalmente, en el gráfico "Unique Addresses for Token" (Direcciones Únicas para los Tokens) se muestra la evolución en el tiempo del número de monederos que poseen el criptoactivo, en cualquier cantidad. Si los valores de este gráfico crecen, es una buena señal, porque indica que está aumentando la difusión del criptoactivo (ejemplo: Figura 10).

Figura 10: Ejemplos de los gráficos "Token Seniority Distribution" y "Unique Addresses for Token" en Nansen

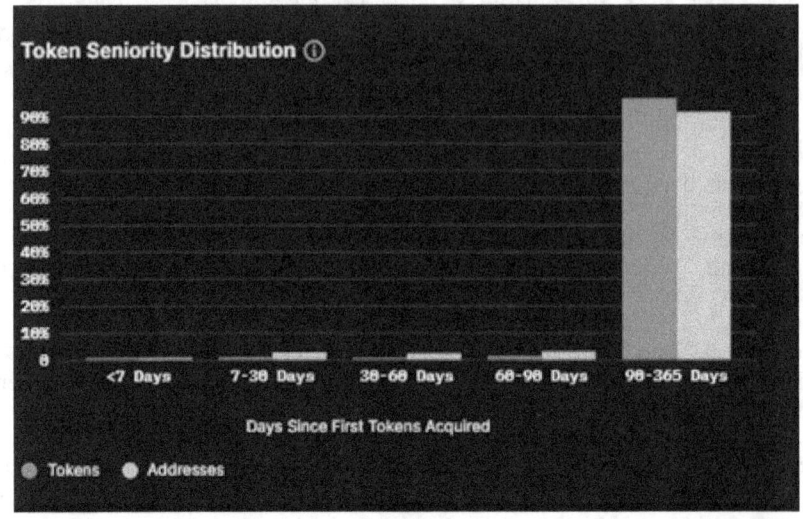

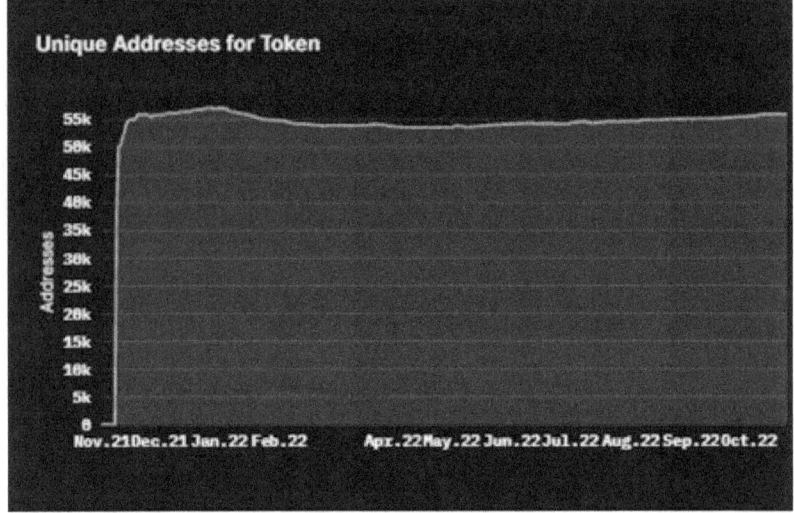

Fuente: Nansen. Imágenes utilizadas únicamente con fines educativos. Estas imágenes no representan ningún asesoramiento en materia de inversión.

En los dos ejemplos de la Figura 10, se pueden ver dos señales positivas. En el gráfico "Token Seniority Distribution", como se puede observar, el criptoactivo suele mantenerse a largo plazo; lo cual es una buena señal. Y, en el gráfico "Unique Addresses for Token", el número de direcciones únicas para los tokens parece ser bastante grande y constante a lo largo del tiempo; algo que también es buena señal.

4. Evaluar con flexibilidad y notas rápidas sobre Nansen

Antes de continuar, de la misma manera que en la Fase 2, te recuerdo que no debes ser demasiado estricto en tu debida diligencia. Es muy raro encontrar un proyecto cripto con una CM inferior a 200 millones de dólares que cumpla, y al 100%, todas las señales positivas en los elementos que hemos visto. Nuevamente, no esperes al proyecto cripto perfecto. Y, nuevamente también, si encuentras el proyecto cripto perfecto, deberías incluirlo en tu cartera de inversiones a largo plazo.

También, de la misma forma que en la fase 2, te recuerdo que **depende de ti y de tu tolerancia al riesgo decidir si un proyecto cripto es lo suficientemente bueno para especular en él, o no.** La información proporcionada en este capítulo sencillamente explica todos los factores que necesitas investigar y verificar para crear tu propio juicio sobre un proyecto cripto, junto a algunos consejos. **Pero la decisión es completamente tuya.**

Adicionalmente, antes de pasar a la Fase 4, dos notas rápidas sobre Nansen:

- **La plataforma Nansen está en constante evolución.** De vez en cuando, hay pequeñas actualizaciones en la plataforma de Nansen, por lo que las tablas o gráficos cambian de nombre, o pueden trasladarse a otras partes de la plataforma. Sin embargo, no te preocupes: los cambios suelen ser de formato, y no de contenido; así que no te asustes si una tabla está en un lugar distinto o tiene un nombre diferente. La esencia del análisis proporcionado sigue siendo válida.

- **En la parte inferior derecha de la plataforma, encontrarás un vídeo de unos minutos que explica cómo realizar la debida diligencia sobre un criptoactivo en Nansen.** Muchos de los conceptos que hemos visto en este libro se recogen también en ese vídeo (que está en inglés). Si puedes, te recomiendo que lo veas.

Fase 4: Compra

Tal vez hayas encontrado, por fin, un proyecto cripto y un criptoactivo con el que especular. Tus debidas diligencias te han revelado un proyecto cripto interesante, bueno, con muchas señales positivas, y con pocas señales negativas. También, el criptoactivo vinculado al proyecto cripto tiene una baja CM, inferior a 200 millones de dólares. **Ahora, sólo tienes que comprar el criptoactivo.** Ya has visto todas las pautas que te recomiendo seguir en estas apuestas especulativas: invertir no menos de 500 dólares en el criptoactivo, empezar con un capital mínimo de 5.000 dólares, y diferenciar al máximo tu capital dedicado a la especulación en diferentes apuestas (y también, ¡no poner todo tu presupuesto en una sola operación especulativa!). Todo esto ya deberías saberlo.

¿Dónde se compra el criptoactivo? Como ya hemos visto, un criptoactivo se compra en un DEX o CEX. Como también se ha visto, en las pestañas del "Token God Mode" de Nansen, puedes encontrar todos los DEX y CEX en los que el criptoactivo está disponible, y en qué cantidad. **Compra el criptoactivo en uno o más de esos DEX o CEX, priorizando aquellos que tengan una reputación sólida en la industria cripto y aquellos que tengan una gran cantidad del criptoactivo en cuestión** (puedes encontrar esta información dentro de Nansen). También, CoinGecko y CoinMarketCap pueden ayudarte a encontrar los CEX y/o DEX más convenientes para comprar el criptoactivo.

Si compras el criptoactivo en un DEX, recuerda lo que hemos dicho en capítulos anteriores sobre las tarifas de gas, el deslizamiento y, especialmente, el impacto de tu transacción en el precio de cambio. Aunque en los casos de las tarifas de gas y del deslizamiento no suelen haber grandes riesgos que destacar, **vuelvo a señalar la importancia de consultar el impacto en el precio antes de confirmar una operación en un DEX**; ya que, si la orden de compra es muy grande en comparación con la liquidez global de la liquidity pool, se producirá un gran desequilibrio en el precio del criptoactivo, por lo que no te convendrá realizar la transacción.

Nuevamente, si el impacto en el precio es superior al 3%, no realices la transacción en ese DEX, y busca una alternativa (algún CEX fiable en el que puedas comprar el criptoactivo, u otro DEX en el que puedas comprar el criptoactivo, que quizás tenga una liquidity pool más líquida). Y, si no encuentras ningún CEX o DEX mejor, considera la posibilidad de invertir una cantidad menor. Como también se ha mencionado anteriormente, verás que el impacto del precio mejorará. Además, recuerda también que puedes dividir tu apuesta en dos o más transacciones diferentes en diferentes DEX para minimizar el impacto del desequilibrio de la liquidity pool en el precio medio de compra.

Finalmente, una vez que hayas encontrado los CEX o DEX adecuados, puedes proceder a la compra.

Por último, te recuerdo que, si es posible, mantengas al Ether como criptoactivo de partida para operar a corto plazo; ya que el Ether paga tarifas de gas, y el impacto en el precio suele ser menor si operas con Ethers, ya que es el criptoactivo más utilizado en las liquidity pools de DeFi.

Como consejo extra: en CoinGecko y CoinMarketCap, puedes añadir el icono del token que compres para tu monedero MetaMask haciendo clic en el botón "añadir Token". Así, cuando compres el token, podrás ver su saldo en el monedero.

Fase 5: Salida

Las primeras 4 fases de nuestro proceso de 5 pasos para especular con criptoactivos se utilizaron para determinar en qué criptoactivos apostar, y en qué momento entrar para ello. **Sin embargo, en la especulación, el momento de salida de una operación es tan importante como el de entrada.**

Entonces, ¿cuándo salir de las operaciones especulativas? Permíteme decirte de inmediato que no hay una respuesta única. Una vez más, depende de ti, de tu análisis, y de tu tolerancia al riesgo la decisión de cómo y cuándo salir de tus operaciones especulativas. **Sin embargo, te daré 4 consejos que te recomiendo tener siempre en cuenta para la salida de la especulación:**

1. **Vende el criptoactivo cuando una cartera SM relevante venda más de la mitad de su saldo de ese criptoactivo:** En Nansen, puedes configurar las alertas inteligentes de Telegram, llamadas "Smart Alerts", para que te avisen en tiempo real cuando estas carteras SM hagan una salida parcial o total de ese criptoactivo. De esta forma, podrás saber cuándo estas carteras SM venden el criptoactivo, y salirte de la operación. Puedes configurar estas alertas inteligentes fácilmente (también, hay un tutorial dentro de Nansen que explica cómo configurar dichas alertas en Telegram). **Pero ten cuidado: las alertas inteligentes sólo funcionan si mantienes activa tu suscripción en Nansen.**

2. **Evita el análisis técnico:** Puedes encontrar señales de salida a través del análisis técnico, pero este libro no puede ser uno que te enseñe ese análisis; ya que, además, hay mil maneras diferentes de encontrar una señal de salida con dicho análisis. Si te gusta aprender este tipo de análisis en gráficos, puedes considerar establecer señales de salida totales o parciales que se basen en él; pero **te recomiendo que evites el análisis técnico para salir de tus operaciones especulativas.** De hecho, los criptoactivos en cuestión suelen ser criptoactivos de creación reciente, con poca historia a sus espaldas. Es por eso que el análisis técnico es a menudo ineficaz, y puede arriesgarte a que salgas de tus operaciones especulativas demasiado pronto.

3. **Sal de la especulación si la CM del criptoactivo supera los 500 o 600 millones de dólares:** Aquí, repito un concepto expresado anteriormente. Nuestro proceso de 5 pasos se dirige a proyectos cripto subcapitalizados por debajo de los 200 millones de dólares de CM. Si el proyecto cripto evoluciona de forma adecuada y comienza a difundirse, la CM del token vinculado al proyecto debería aumentar. Una señal de salida podría ser vender cuando la CM del proyecto cripto supere los 500 o 600 millones de dólares. Sin embargo, esta cifra no es un parámetro fijo: si crees que el proyecto aún tiene potencial de crecimiento una vez que alcance los 600 millones de dólares de CM, también podrías salir si su CM alcanza los 1.000 millones o 1.000 millones y medio. Si la cifra de CM es superior a 2.000 millones de dólares, el proyecto empieza a ser un poco grande para la especulación, por lo que te recomendaría venderlo o incluirlo en tu cartera de inversiones a largo plazo si sigues creyendo en él.

4. **Salir basándose en el análisis fundamental, aún más eficaz cuando se combina con movimientos de Smart Money.** Otra razón de peso para salir de una operación es cuando el análisis fundamental indica que el desarrollo del proyecto ya no se ajusta a sus expectativas iniciales. Esto ocurre cuando

algunos de los aspectos clave del proyecto que analizamos anteriormente empiezan a deteriorarse, o cuando se producen cambios negativos en la hoja de ruta, se pierden asociaciones clave o no se cumplen las actualizaciones prometidas. En esos casos, vender puede ser una opción prudente. Este enfoque cobra aún más relevancia cuando se combina con movimientos de Smart Money. Si las carteras clave de SM empiezan a reducir sus posiciones al mismo tiempo que se producen estos acontecimientos negativos, puede reforzar su decisión de cerrar su posición. Salir basándose en el análisis fundamental requiere un seguimiento continuo del progreso del proyecto.

Cuando se trata de salir con pérdidas, recomiendo hacerlo solo si se observa una venta masiva significativa por parte de carteras Smart Money o si surgen noticias negativas importantes o acontecimientos preocupantes sobre el proyecto. De lo contrario, intente ser paciente y evite liquidar una posición solo porque el precio haya bajado ligeramente. Esto es especialmente importante si reconoce que el movimiento bajista está impulsado más por las condiciones generales del mercado que por cuestiones específicas del proyecto. De hecho, casi todos los tokens se ven influidos por las tendencias generales del mercado, en particular por los movimientos de precios del BTC.

Por último, recuerda llevar siempre un buen registro de tus operaciones; incluyendo el precio de entrada, el precio de salida, y las comisiones pagadas. Utiliza un archivo Excel para apuntarlo todo y/o una de las muchas aplicaciones gratuitas para llevar un registro de tus operaciones, como CoinStats o Delta.

Resumen del Capítulo 8

- El análisis on-chain es una metodología de investigación que aprovecha la información pública que puede leerse en las blockchains para ayudar a los inversores y especuladores a elegir sus estrategias de inversión y especulación.

- El dinero inteligente, o Smart Money (SM), es el conjunto de movimientos de capitales importantes que ya han sido realizados por grandes inversores u operadores, teniendo un éxito demostrado.

- El análisis on-chain nos permite ver las operaciones de las llamadas "ballenas de dinero inteligente", es decir, ballenas cripto que tienen, en los últimos meses, un envidiable historial probado de operaciones cripto de alta rentabilidad.

- Existen varias plataformas que toman estos datos de las blockchains, los organizan y los ofrecen al usuario común en forma de cuadros de mando fáciles de leer. Estas herramientas se denominan "herramientas de análisis on-chain" ("on-chain analysis tools") son sitios web que puedes consultar pagando una cuota mensual.

- La herramienta on-chain que nosotros utilizamos se llama Nansen.

- Nuestro "Enfoque de 5 Pasos" para especular con criptoactivos incluye los siguientes pasos: descubrir, análisis fundamental o debida diligencia fuera de Nansen, análisis on-chain o debida diligencia debida dentro de Nansen, compra y salida.

Fase 1 - Descubrir

- Entra en Nansen > "Home" > "Smart Money Token Inflow" (Entrada de Tokens de Dinero Inteligente). Aquí, se encuentra una lista de los criptoactivos más comprados por los operadores del Smart Money en las últimas 24 horas, junto con sus importes relativos en dólares. Estos criptoactivos son los criptoactivos potenciales para especular. Una vez que elijas uno de estos criptoactivos, puedes comenzar la primera debida diligencia.

Fase 2 - Análisis fundamental o debida diligencia fuera de Nansen

- La debida diligencia consiste en evaluar informarse y evaluar la calidad del proyecto cripto del criptoactivo con el que decidimos especular antes de la compra de dicho token o criptomoneda.

- En esta primera debida diligencia, hacemos nuestras valoraciones independientemente de los datos que podamos ver on-chain, y por tanto en Nansen.

- Si las dos debidas diligencias van especialmente bien, y crees que has descubierto una joya, puedes decidir invertir en ese criptoactivo y luego incluirlo en tu cartera de inversiones.

- Sólo debes especular con tokens o criptomonedas relacionadas con proyectos que te parezcan buenos, interesantes, y quizá no excepcionales y con algunas debilidades; pero no con proyectos inútiles, triviales o, peor aún, fraudulentos. Si hay uno que parezca ser de estas últimas categorías, aunque haya sido comprado por operadores del Smart Money, descártalo.

1. Ve a CoinGecko o CoinMarketCap. Escoge el criptoactivo que te interesa, y analiza los siguientes elementos:

   1.1. Nombre: Busca el nombre del criptoactivo a elegir.

   1.2. Blockchain: Averigua a qué blockchain pertenece el criptoactivo, y también si se trata de una criptomoneda o de un token.

   1.3. Precio: Se muestra en la segunda y última columnas de la página web. En la última, se puede ver su evolución en un gráfico. Haz clic ahí.

   1.4. Volumen: Es la cantidad de criptoactivos que se han intercambiado en un periodo específico de tiempo. Para ver el volumen de los últimos meses, haz clic en el botón "1A"/"1Y" (1 año/1 year), situado en la barra horizontal izquierda superior al gráfico. Luego, ve situando el ratón a lo largo de él, sin hacer clic. Ten cuidado cuando un criptoactivo muestre los volúmenes de las últimas 24h muy bajos, ya que el volumen puede voltearse muy fácilmente.

1.5. Cantidad/Suministro circulante: Número de monedas que circulan actualmente.

1.6. Cantidad/Suministro máxima/o: Número máximo de monedas en circulación *que pueden existir en el futuro.*

1.7. Cantidad/Suministro total: Número máximo de monedas *que pueden circular en el futuro menos las monedas quemadas.*

1.8. Capitalización de mercado (CM): Valor en USD del número total de monedas en circulación. Para calcularlo, se multiplica la cantidad circulante por el valor en USD. Cuanto mayor sea la CM, más maduro y extendido es el proyecto; por lo que, cuanto más aumenta el precio de un criptoactivo, más aumenta su CM. También, si aumenta el número de monedas en circulación, la CM puede aumentar, aunque el precio baje o se mantenga constante. Para poder ver el gráfico evolutivo de la CM, haz clic en el botón "Cap. de Mercado"/"Capitalización de Mercado" ("Market Cap"), situado justo encima del gráfico, y analízalo: si los volúmenes de un criptoactivo son muy bajos, no sólo tiene poco sentido el precio, sino también la CM, ya que ésta depende del precio. Elige proyectos con una CM inferior a 200 millones de dólares, y sal cuando superen los 500 o 600 millones de dólares. Si decides comprar criptoactivos con una CM de 50 millones de dólares, ten cuidado.

1.9. Capitalización de mercado totalmente diluida (FDMC): Capitalización de mercado en caso de que todas las monedas de un determinado criptoactivo ya estuvieran en el mercado. Para calcular la FDMC, se multiplica la cantidad máxima por el valor en dólares. Como la FDCM indica la CM de la cantidad máxima en el mercado actual, hay que analizar la relación entre ambos conceptos. Si la FDCM y la CM tienen el mismo valor, significa que todas las monedas ya están en circulación. Si la FDMC es superior a la CM, significa que la cantidad de monedas aumentará en el futuro. Y, si la FDMC y la CM divergen mucho entre sí, esto es una señal de alarma; concretamente, cuando hay una divergencia en donde la FDMC es más de 7-8 veces superior a la CM actual.

1.10. Posición en la que está situada un criptoactivo. Se encuentra en la columna con el símbolo "#". Cuanto más arriba esté un criptoactivo, en más intercambios centralizados está presente, lo cual es una señal positiva. Sin embargo, las joyas con una baja CM a menudo no están listadas en ningún CEX.

2. Fuentes de información y redes sociales para tus preguntas:

    2.1. Busca información cualitativa y noticias sobre el proyecto en la página web oficial del proyecto, Cointelegraph, CoinDesk, Messari, Defillama, Token Terminal, Medium; y en las redes sociales de Twitter, Discord y Telegram. También, busca información del proyecto cripto que te interesa en los blogs o demás sitios web de los capitales de riesgo.

    2.2. Una vez que entiendas todos los conceptos de la fase 2, haz estas preguntas:

        2.2.1. ¿Qué hace el proyecto cripto de forma diferente los demás? ¿Cuál es la finalidad del proyecto cripto?

        2.2.2. ¿Cómo se crea el token? ¿Cómo se distribuye el suministro de tokens? ¿Para qué se utiliza el token? ¿Es un token de utilidad, o no? ¿Están relacionados el proyecto cripto y el token?

        2.2.3. ¿Existe una gobernanza real, o son sólo unos pocos los que poseen casi todas las monedas en circulación?

        2.2.4. ¿Cómo evoluciona el TVL? ¿Existe una dinámica de capitales mercenarios?

        2.2.5. ¿Cómo se pagan las APY?

        2.2.6. ¿Cuáles son las normas de adquisición de derechos para los inversores iniciales y para el equipo del proyecto cripto? ¿Existe el riesgo de que se produzcan eventos cliff? Si se pueden producir eventos cliff, ¿cuándo podrían ocurrir? ¿Cuáles son las normas de quema y recompra del token?

        2.2.7. ¿Cuál es la historia del proyecto cripto? ¿Han grandes errores en el pasado?

        2.2.8. ¿Quién compone el equipo del proyecto cripto? ¿Qué reputación tienen los miembros del equipo del proyecto cripto? ¿Hablan del precio del token, o de la utilidad del proyecto cripto? ¿Qué tipo de lenguaje utilizan? ¿Hay un líder soberano? ¿Cómo se maneja la tesorería del proyecto cripto?

        2.2.9. ¿Hay algún inversionista que haya invertido un gran capital de riesgo en el proyecto cripto?

3. Estudia el Whitepaper, el Litepaper, las documentaciones (los docs) y las auditorías de contratos inteligentes (*Smart Contract Audits*) de la página web oficial del proyecto. Si el whitepaper, el litepaper y las documentaciones tienen un lenguaje demasiado sencillo, son triviales, y son muy concisos, esto es mala señal. También, comprueba si el whitepaper es una copia o no

buscándolo en Google. A la hora de seleccionar auditorías de contratos inteligentes, comprueba que se hagan periódicamente, por empresas con una buena reputación, y que estas auditorías no hablen negativamente del protocolo de los contratos inteligentes o sean falsas.

4. Evalúa el grado de gobernanza del proyecto DeFi que estás considerando. Comprueba en la DApp si la comunidad hace propuestas, y si los poseedores de tokens votan en ellas. También, comprueba cuántos usuarios poseen este criptoactivo, y cuántas monedas de este token hay en las carteras más grandes. En las primeras fases de vida de un proyecto cripto, es normal que unos pocos monederos tengan la mayoría de las monedas en circulación; pero intenta comprender cómo abordan esta cuestión los miembros del equipo del proyecto.

5. El Valor Total Bloqueado (TVL) es la cantidad total en USD de monedas "bloqueadas" en una determinada blockchain o DApp. Analiza el TVL para evaluar los movimientos de los capitales mercenarios, y evalúa siempre en qué punto estás del ciclo del TVL e incentivos. También, analiza si los mecanismos detrás de las APY ofrecidas por las DApps son explicados claramente o no, y si son o no sostenibles. Por último, si una DApp explica claramente los mecanismos por los que garantiza determinadas APY, es una buena señal. Si, en cambio, no entiendes bien de dónde vienen esas altas APY, o incluso crees que son insostenibles, entonces descarta el criptoactivo.

6. La quema es una metodología para destruir cierta cantidad de monedas en circulación y reducir la oferta. La recompra disminuye la oferta mediante una fuerte compra de tokens por parte del equipo del proyecto. Un evento cliff es la venta masiva de un token en el mercado por parte de grandes inversores iniciales cuando finaliza el periodo de adquisición de derechos. Entiende y evalúa cómo funcionan tanto el mecanismo de entrada del suministro como, eventualmente, el mecanismo de quema del token que estás evaluando. También, investiga las normas de adquisición de derechos del proyecto para deducir si existe el riesgo de que se produzca un evento cliff, de forma que puedas evitar problemas al especular o lo utilices a tu favor.

7. Analiza el equipo y el líder detrás del proyecto, así como el lenguaje que utilizan y los mecanismos de manejo de su tesorería.

8. Compara el proyecto cripto que estás analizando con otros proyectos cripto similares y que conozcas de la industria, evaluando si el proyecto cripto que estás analizando hace algo diferente y/o mejor.

9. Evalúa el proyecto con todos los criterios anteriores, pero también con flexibilidad: si algún punto no es claramente positivo, sino que es ambiguo, no lo descartes. Recuerda que estás especulando, no invirtiendo. Para una cartera de inversiones a largo plazo, escoge un criptoactivo que haya pasado todos los análisis y consideraciones brillantemente; pero para especular,

elige proyectos buenos que pasen la mayoría, pero no todos esos análisis y consideraciones.

Fase 3 - Análisis on-chain o debida diligencia dentro de Nansen

- En esta fase, se busca información adicional del criptoactivo elegido a través de los cuadros de mando de Nansen. Concretamente, se evalúan las transacciones que los operadores del Smart Money han realizado con el criptoactivo a lo largo del tiempo, utilizando las percepciones del análisis on-chain.

1. Averigua cuáles son las carteras Smart Money que han comprado el criptoactivo recientemente:

    1.1. Entra a Nansen, y vuelve a la pestaña "Smart Money Token Inflow" > Haz clic con el botón derecho del ratón sobre el criptoactivo > Elige "Token Movements" > Aparecerá la tabla "Fill in the inputs to see the data" > Introduce en ella el intervalo de fechas sobre el que analizar las transacciones SM en el criptoactivo (recomendación: 2 días) y el importe mínimo de transacción a analizar (recomendación: 0) > Al hacerlo, verás un cuadro de mandos que incluye dos tablas de datos.

    1.1.1. "Balance changes in the period" > Haz clic en "Change" para ordenar según la cantidad de monedas que entran en una determinada cartera en un orden descendente > Desplázate por todas las páginas de la tabla para encontrar las carteras SM que han acumulado el criptoactivo en los últimos 2 días. Las carteras SM se identifican con el emoji. Cuantas más carteras SM encuentres, mayor será el indicativo será para comprar el criptoactivo.

    1.1.2. "Top transactions in the period" > Haz clic en "Time" para ordenar las transacciones de más a menos reciente. Una vez que lo hayas hecho, consulta todas las páginas de la tabla, y anota todas las carteras SM de la columna "To" (que son las carteras de entrada de una transacción). Estas carteras deben de coincidir con las encontradas anteriormente. Con esta tabla, puedes darte cuenta de cuántas transacciones hicieron esas carteras SM, y cuándo las hicieron. Si encuentras una o más carteras SM que han acumulado el criptoactivo en las últimas horas, esto es una buena señal para comprar.

2. Analiza las carteras SM que has encontrado y que hayan comprado recientemente el criptoactivo (una vez que finalices este paso 2, repítelo para todas las carteras que identificaste en el paso 1):

    2.1. Información detallada de la cartera: Se sigue en el cuadro de mandos anterior > Haz clic con el botón derecho del ratón encima de la primera cartera SM que hayas encontrado > Selecciona "View on

109

Nansen portfolio". Comprueba si el operador del SM aún tiene el criptoactivo en su cartera, o si ya lo ha vendido. Si no lo ha vendido, evalúa el peso que tiene en su cartera. Cuanto más peso tenga, mayor la señal de compra.

2.2. Vuelve a la página de inicio > Haz clic con el botón derecho en la cartera SM > Selecciona "Wallet profiler for token". En esta sección, verás un gráfico y una tabla:

2.2.1. Gráfico "Token balance over time with historical price": Observa cómo ha evolucionado la cantidad del criptoactivo en la cartera SM. Si va en aumento, es una buena señal.

2.2.2. "Largest token transactions" > Haz clic en "Time" para ordenar los datos de más a menos reciente > Haz clic con el botón derecho del ratón en los tres puntos situados en el extremo derecho de la transacción que te interesa > Selecciona "Tx" para consultar las transacciones entrantes más recientes del criptoactivo analizado en la cartera SM > Serás trasladado a otra página web (casi siempre Etherscan) que te va a mostrar todos los datos sobre la transacción concreta en la blockchain > Verifica en esta página que el operador del SM ha comprado voluntariamente el criptoactivo.

2.3. Si estás familiarizado con el mundo DeFi, también puedes intentar averiguar qué ha hecho y qué está haciendo este operador del SM con el criptoactivo analizando todas las transacciones que encuentres en la tabla "Largest token transactions". Sin embargo, si no eres un experto en el tema, no te preocupes, ya que esto no es necesario para especular.

3. Evalúa tus observaciones en "Token God Mode": Vuelve a la página de inicio de Nansen > Ve a la tabla "Smart money token inflow" > Haz clic con el botón derecho en el criptoactivo analizado > Selecciona "Token God Mode". En esta sección, se analizarán las pestañas siguientes:

3.1. "Transactions": Consulta el precio y volumen del criptoactivo de los últimos meses, en qué DEX y liquidity pools se negocia más el criptoactivo, y las últimas transacciones del criptoactivo en DEX y CEX

3.2. "Exchanges": Consulta en qué CEX se encuentra el criptoactivo y en qué cantidad, qué porcentaje de la oferta se encuentra en los CEX, y las operaciones de depósito y retirada del token en los CEX.

3.3. "Smart Money": Tienes que analizar un gráfico y dos tablas:

3.3.1. "Tokens Held by Smart Money with # of Wallets": Muestra cómo ha evolucionado el número de carteras SM que poseen el criptoactivo a través del tiempo, así como el saldo que poseen. Cuanto más crezcan estas dos cifras, mayor será la señal de compra.

3.3.2. "Token Holdings of the Aggregated Smart Money Segment for Token": Aquí, podrás averiguar qué carteras SM poseen actualmente el criptoactivo > Haz clic en "Balance" para ordenar las carteras SM según las que tengan un contravalor en USD más alto, en orden descendente. Cuantas más carteras SM encuentres con ese criptoactivo, mejor.

3.3.3. "Token Transfers for Token": Consulta todas las transacciones relacionadas con el criptoactivo que fueron realizadas por las carteras SM en los últimos meses > Puedes ordenarlas según el valor de la transacción o según el momento en que se produjo.

3.4. "Token Distribution": Tienes que analizar las siguientes tablas y gráficos:

3.4.1. "Token Balances": Puedes ver la distribución del suministro del criptoactivo por categorías; incluyendo carteras SM, fondos, CEX, y DEX.

3.4.2. "Top Balances": Aquí, puedes ver la distribución de los criptoactivos por monederos individuales > Haz clic en "% Ownership" para ordenar los datos en orden descendente. Estos datos te dan una muy buena información sobre la descentralización del proyecto y su gobernanza: cuantas más monedas estén distribuidas en diferentes monederos, mejor. También, intenta averigüar a quién pertenecen los monederos con los saldos más altos (en los monederos DEX, es normal que se produzcan grandes concertaciones; ya que representan a muchos usuarios). Para saber mejor esta información, mira los emojis que Nansen vincula con los monederos (puedes consultar su significado en la parte inferior derecha de la plataforma) > Luego, desplázate por todas las páginas, y comprueba si alguna cartera SM ha acumulado un saldo elevado del criptoactivo. Cuantas más carteras SM encuentres, y mayor sea su saldo en ese criptoactivo, mayor será la señal de compra.

3.4.3. "Top Holders: Balances": Este gráfico muestra cómo ha evolucionado el saldo de los principales titulares del criptoactivo en los últimos meses.

3.4.4. "Token Seniority Distribution": Este gráfico muestra el tiempo medio de tenencia del criptoactivo. Cuanto mayor sea el tiempo medio, mejor, porque eso significa que es un criptoactivo que muchos inversores han decidido mantener a largo plazo, señal de que les gusta el proyecto.

3.4.5. "Unique Addresses for Token": Este gráfico muestra la evolución en el tiempo del número de monederos que poseen el criptoactivo, en cualquier cantidad. Si este gráfico crece, es una buena señal, porque indica que el criptoactivo está aumentando su difusión.

4. Evalúa con flexibilidad y ten en cuenta dos notas rápidas sobre Nansen: De la misma manera que en la Fase 2, no seas demasiado estricto en tu debida diligencia; y recuerda que la decisión de especular en un proyecto cripto o no depende totalmente de ti. También, un par de notas que debes tener en cuenta son:

4.1. La plataforma Nansen tiene pequeñas actualizaciones, por lo que las tablas o gráficos pueden cambiar de nombre, o trasladarse a otras partes de la plataforma. Sin embargo, no te preocupes: los cambios suelen ser de formato, no de contenido. Lo que has aprendido en este capítulo sigue siendo igual de válido.

4.2. En la parte inferior derecha de la plataforma, encontrarás un vídeo de unos minutos que explica cómo realizar la debida diligencia sobre un criptoactivo en Nansen (que está en inglés). Muchos de los conceptos que se vieron están en ese vídeo. Si puedes, te recomiendo que lo veas.

Fase 4 - Compra

- Si decides especular con el criptoactivo analizado, cómpralo los DEX o CEX que hayas encontrado en Nansen. Asegúrate que estos CEX o DEX tengan una sólida reputación y/o tengan una gran cantidad del criptoactivo. También, CoinGecko o CoinMarketCap pueden ayudarte a encontrar los CEX y/o CEX más convenientes para comprar el criptoactivo.

- Recuerda lo que se ha mencionado anteriormente sobre las tarifas de gas, el deslizamiento y, especialmente, el impacto de tu transacción en el precio de cambio.

- Antes de confirmar una transacción en un DEX, consulta el impacto en el precio. Si el impacto sobre el precio es superior al 3%, no realices la transacción en ese DEX, y busca una alternativa (un CEX fiable en el que puedas comprar el criptoactivo, u otro DEX en el que puedas comprar el criptoactivo, y que quizás tenga una liquidity pool más líquida). Si no encuentras ningún CEX o DEX mejor, considera la posibilidad de invertir una cantidad menor en la operación. Además, puedes dividir tu apuesta en dos o más transacciones diferentes en diferentes DEX para minimizar el impacto del desequilibrio del liquidity pool en el precio medio de compra.

- Te recuerdo que, si es posible, mantengas al Ether como tu criptoactivo inicial para operar a corto plazo; ya que el Ether paga las tarifas de gas, y el impacto en el precio es muy a menudo menor si operas con Ethers, ya que es el criptoactivo más utilizado en las liquidity pools de DeFi.

- En CoinGecko y CoinMarketCap, puedes añadir el icono del token que compres para tu monedero MetaMask haciendo clic en el botón "añadir Token". Así, cuando compres el token, podrás ver su saldo en el monedero.

Fase 5 - Salida

- En la especulación, el momento de salida de una operación es tan importante como el de entrada.

- Hay 4 factores que puedes tener en cuenta para tu salida parcial o total de la especulación:

1. Vende el criptoactivo cuando una cartera SM relevante venda más de la mitad de su saldo de ese criptoactivo: En Nansen, puedes configurar las "Smart Alerts" (Alertas Inteligentes) para que te avisen en tiempo real cuando las carteras SM que has analizado vendan el criptoactivo. Ten cuidado: las alertas inteligentes sólo funcionan si mantienes activa tu suscripción en Nansen.

2. Evita el análisis técnico: Puedes encontrar señales de salida a través del análisis técnico, pero no recomiendo hacerlo en operaciones especulativas; ya que puede sacarte demasiado pronto.

3. Vende el criptoactivo si la CM del criptoactivo supera los 500 o 600 millones de dólares: Puedes vender el criptoactivo cuando su CM supere los 500 o 600 millones de dólares. Si crees que el proyecto cripto aún tiene potencial de crecimiento una vez que alcance los 600 millones de dólares de CM, también puedes salir si su CM alcanza los 1.000 millones o 1.000 millones y medio. Si la cifra de CM es superior a 2.000 millones de dólares, el proyecto cripto empieza a ser un poco grande para la especulación, por lo es más recomendable venderlo o incluirlo en tu cartera de inversiones a largo plazo.

4. Salir basándose en el análisis fundamental, aún más eficaz cuando se combina con movimientos de Smart Money. Esto ocurre cuando algunos de los aspectos clave del proyecto empiezan a deteriorarse. Si las carteras clave de SM empiezan a reducir sus posiciones al mismo tiempo que se producen estos acontecimientos negativos, puede reforzar su decisión de cerrar su posición.

- Lleva siempre un registro de tus operaciones; incluyendo el precio de entrada, el precio de salida y las comisiones pagadas. Puedes utilizar un archivo Excel y/o aplicaciones especializadas, como CoinStats o Delta.

Extra: Herramientas + Crypto Go Wealth Accelerator

Herramientas

Espero, estimado lector, que este libro esté situándose a la altura de tus expectativas. También, espero que tengas una comprensión más clara del mundo de las criptomonedas; incluyendo las criptomonedas BTC y ETH, las Altcoins, los monederos, las carteras de inversiones, las blockchains, las CEX y DEX, DeFi, y otros elementos cripto. **Sobre todo, espero que la información de este libro pueda permitirte operar de forma independiente y autónoma en el mercado de las criptomonedas,** entendiendo bien los riesgos y las ganancias potenciales a las que te enfrentas. Tanto al invertir a largo plazo, como al especular a corto plazo.

Nuevamente, si estás interesado en alguno o algunos de los productos y servicios que hemos comentado a lo largo de este libro, nos gustaría pedirte que completes tu compra o suscripción utilizando nuestros enlaces de afiliado. Como se ha mencionado anteriormente, esto no sólo no te supondrá ningún coste adicional, sino que para nosotros contribuirá de forma significativa en la fuente de ingresos destinada a financiar otros contenidos y libros valiosos. **Además, en el caso del intercambio recomendado y Nansen, <u>el uso de nuestros enlaces de afiliados le otorgará un bono de bienvenida y un descuento, respectivamente.</u>**

A continuación, encontrarás una lista con todos los productos y servicios que hemos mencionado, junto con los códigos QR correspondientes que te dirigirán a las páginas web que contienen nuestros enlaces de afiliación:

- **Mejor CEX:**

- **Mejor monedero de hardware:**

- **Nansen:**

Crypto Go Wealth Accelerator

Ahora ya sabes lo poderoso que puede ser seguir el dinero inteligente. Entiendes cómo funciona el seguimiento de carteras, qué diferencia a los mejores inversores del resto y cómo los operadores profesionales detectan proyectos rentables antes que nadie.

Pero también has visto cuánto tiempo lleva hacerlo correctamente. Supervisar carteras todos los días, estudiar gráficos, investigar fundamentos, analizar movimientos de tokens... No es algo que la mayoría de la gente pueda hacer de forma constante.

Si ya tienes un trabajo a tiempo completo, un negocio o una vida ajetreada, es casi imposible mantenerse al día. El dinero inteligente se mueve rápido, y si no estás atento en el momento adecuado, la oportunidad desaparece antes de que puedas actuar.

Esa es la realidad para la mayoría de los inversores: saben qué hacer, pero no cómo encontrar el tiempo para hacerlo.

Por eso precisamente hemos creado *Crypto Go Wealth Accelerator*, el siguiente paso lógico después de este libro.

Todo lo que has aprendido sobre el seguimiento del dinero inteligente, la identificación de proyectos sólidos y el momento adecuado para entrar y salir ya está integrado en este sistema. Es la misma estrategia, automatizada y simplificada, para que puedas beneficiarte de los resultados sin tener que dedicar horas cada día a la investigación.

El Accelerator ha sido diseñado para personas que comprenden el valor del seguimiento del dinero inteligente, pero que no tienen tiempo para analizar datos todos los días. Nuestros analistas y herramientas de datos hacen el trabajo pesado por usted, escaneando los movimientos de las carteras, verificando los fundamentos y enviando alertas claras y prácticas directamente a su Telegram.

Usted obtiene los beneficios de la información sobre el dinero inteligente con solo unos minutos de esfuerzo al mes.

Cuando se una a *Crypto Go Wealth Accelerator*, obtendrá acceso instantáneo a las herramientas exactas que utiliza nuestro equipo para rastrear el dinero inteligente en tiempo real. En particular, recibirá una o dos señales criptográficas de alto potencial cada semana, con alertas de entrada y salida. Estas se basan en la actividad verificada de las carteras de dinero inteligente y en el análisis fundamental, lo que le proporciona pasos claros a seguir sin conjeturas.

Todo el proceso lleva menos de diez minutos al mes, por lo que puedes seguir centrado en tu trabajo, tu negocio y tu vida, sin dejar de beneficiarte de las ventajas del Smart Money.

Confiamos en los resultados porque el sistema funciona, y estamos dispuestos a demostrarlo.

Cuando se une a *Crypto Go Wealth Accelerator*, está completamente protegido por nuestra garantía de devolución del dinero de 15 días. Si no recibe al menos una señal rentable, que incluya tanto la entrada como la salida, en los primeros 15 días, puede solicitar un reembolso completo. Sin preguntas.

Podrá experimentar el sistema completo, ver las alertas por sí mismo y decidir sin ningún riesgo.

Ha estudiado la estrategia. Entiende cómo Smart Money crea oportunidades y ha visto lo que es posible cuando se detectan esos movimientos a tiempo.

Ahora es el momento de poner en práctica esos conocimientos, sin necesidad de dedicar horas a la investigación o al seguimiento constante del mercado.

Crypto Go Wealth Accelerator le ofrece la misma ventaja que tienen los profesionales: información en tiempo real sobre Smart Money, verificada por analistas y enviada directamente a su Telegram.

Únase ahora y acceda hoy mismo a su primera alerta de Smart Money.

Recuerde que está totalmente protegido por nuestra garantía de devolución del dinero de 15 días. No arriesga nada al probarlo.

Puede seguir analizando las carteras por su cuenta y arriesgarse a perderse el próximo gran movimiento, o puede dejar que nuestro sistema haga el trabajo mientras usted se centra en los resultados.

La elección es suya. Dé el siguiente paso y empiece a acelerar su riqueza hoy mismo.

Descubra todos los detalles escaneando el siguiente código QR:

Conclusión

Deberías estar orgulloso de todo lo que has aprendido. Te sugiero que releas el libro varias veces para asimilar bien todos los conceptos. También, puedes releer los resúmenes finales de los capítulos de vez en cuando, quizás cuando necesites hacer un repaso rápido de algunos conceptos. **También, te aconsejo que seas siempre curioso.** Profundiza en los conceptos que te resulten curiosos, e investiga aquellos que no te queden del todo claros. En el mundo de las criptomonedas, nunca se deja de aprender. Además, hay muchas cosas del mundo de las criptomonedas que cambian muy deprisa, por lo que es importante estar siempre al día. **Si tienes alguna duda, ponte en contacto con nosotros en la siguiente dirección de correo electrónico: info@thecryptogo.com.** Siempre respondemos a todos los correos electrónicos. También puedes consultar nuestro sitio web para obtener más información acerca de nosotros. **Antes de despedirme, me gustaría recordarte un pequeño favor personal: Si te ha gustado este libro, ¡déjanos una reseña en Amazon! Para hacerlo, simplemente escanea el siguiente código QR con tu smartphone.** Tu gesto significa mucho para nosotros.

Espero que haya otras oportunidades de seguir en contacto. Mientras tanto, recibe un cordial saludo. Te deseo que alcances todos tus objetivos de inversión y especulación.

John Bax

Fundador de Crypto Go

www.thecryptogo.com